Brice NKAMGA

LA FACE CACHÉE DES SONGES

Brice NKAMGA

LA FACE CACHÉE DES SONGES

Le monde onirique et les réalités culturo-spirituelles

Éditions Croix du Salut

Imprint

Cover image: www.ingimage.com

Publisher:
Éditions Croix du Salut
is a trademark of
International Book Market Service Ltd., member of OmniScriptum Publishing Group
17 Meldrum Street, Beau Bassin 71504, Mauritius
Printed at: see last page
ISBN: 978-613-7-37414-6

LA FACE CACHEE DES SONGES

Dr Brice NKAMGA

Table des matières :

Introduction

Au cours de l'histoire et des civilisations, le rêve a tantôt été considéré comme prémonitoire, message des dieux ou du destin adressé aux hommes, tantôt comme dépourvu de sens, comme c'est le cas à la période moderne pour plusieurs.

Dans les siècles reculés, le rêve a été un moyen de s'affranchir du temps et de l'espace ordinaire, pour accéder au surnaturel, aux ancêtres, au divin, ou encore comme un moyen de guérison, de connaissance et de révélation. Par exemple, au Proche-Orient ancien, les rêves ou les songes étaient des opportunités pour accéder au monde du divin. En fait, le sommeil était un état qu'on rapprochait à celui de la mort et le rêve était vu comme un moyen pour Dieu de communiquer avec les humains. Dans beaucoup d'autres cultures, de mythes et donc d'univers, on trouve évoqué le monde onirique, soit celui des songes. En soit, tout le monde rêve, y compris les dieux et il n'y avait donc qu'un seul pas pour en déduire qu'il existe un plan onirique. On accède à celui-ci en dormant, lorsque l'on se met à rêver.

A une époque plus moderne, Freud, le père de la psychanalyse, pensa que les rêves n'étaient pas anodins, qu'ils avaient une fonction et des règles précises. Pour lui, les rêves ont une signification précise et sont une manifestation de l'inconscient de l'individu. Le rêve serait donc la réalisation d'un désir inconscient. Le rêve serait un langage, le langage de l'inconscient, qui, au travers de ses images ferait ressurgir à la conscience les conflits refoulés du ça et du surmoi. En ce sens le rêve est une nécessité naturelle.

De nos jours, le monde onirique est toujours préoccupant et des milliers de personnes s'intéressent à l'aspect prémonitoire des rêves c'est-à-dire la révélation du futur. Ils sont aussi nombreux, ceux-là qui avouent avoir eu des rêves dans lesquels ils ont été victimes d'assauts étranges et d'ordre maléfique. Cet ouvrage s'évertuera donc à apporter une part de lumière utile pour la compréhension de ce monde profond et mystérieux que constitue celui du rêve. La Bible, le Livre par excellence, nous sera d'une grande utilité pour cette quête passionnante.

Le rêve entre civilisations et religions :

Quand nous contemplons la richesse des textes biliques inspirés et des écrits anciens, nous remarquons que les rêves ou songes constituaient des richesses importantes pour les peuples antiques. La première personne dont il est clairement dit dans la Bible qu'elle eut un songe venant de Dieu est Abimélec[1]. Par ce songe, Dieu le prévint de ne pas toucher à la femme d'Abraham. Nous voyons donc un DIEU, bien qu'ayant fait alliance avec le peuple juif, se sent libre de se révélér à un non juif par un rêve. L'importance accordé à ce rêve par Abimélec et d'autres personnages païens démontre à suffisance que les peuples anciens ne prenaient pas à la lègère les expériences des rêves.

Selon des études dont les résultats se trouvent dans l'encyclopédie « World Book Encyclopedia », il est démontré que tout humain rêve. Le rêve a un caractère universel. Depuis de nombreux siècles reculés, plusieurs peuples tels que nous le verrons ont toujours porté un intérêt particulier aux rêves. En Mésopotamie, Grèce et Rome antiques, certaines décisions importantes ne se prenaient pas sans avoir préalablement dormi à la veille dans les temples en vue d'obtenir une direction via les rêves ou songes. Essayons à présent de nous faire une idée de l'appréhension qu'avaient certains peuples quant à la notion de songe.

I- Egypte antique :

Le panthéon égyptien[2] est l'un des plus imposants du monde : il existe une quasi infinité de dieux, mais, déjà, une dissociation entre les dieux et le monde est ébauchée. Trois mondes coexistent en parallèle:

- le monde que nous habitons pendant notre vie terrestre,
- le monde des morts qui est aussi peuplé de démons,
- le monde des dieux.

Les égyptiens pensaient que les dieux ne dispensaient leurs bienfaits qu'à condition de résider sur terre. Pour leur être agréable, et les garder auprès d'eux, ils leur construisirent des demeures (les temples).

[1] Genèse 20 :3
[2] R. Jissé, "Le rêve dans l'antiquité", http://www.sommeil-paradoxal.com/livre2-page/3-antiquite_egypte.html, consulté en Avril 2020.

Déjà, nous pouvons observer que la structure de la raison se met en place : ce qui était libre est enfermé ! Les génies de la nature sont désormais cloîtrés dans des temples.

Le temple devient alors la demeure terrestre du dieu, et cette demeure a de multiples fonctions :

- centre d'études astronomiques,
- lieu de théologie et de sagesse : les textes sacrés y sont étudiés,
- centre de gestion des biens du clergé,
- il sert également de lieu de prédiction et de guérison par le rêve.

Il représente donc le lieu de rencontre des mondes matériel et subtil par l'intermédiaire du rêve.

Le rêve permet aussi de connaître l'avenir. Les dieux ont une réelle importance pour protéger le rêveur dans ce monde obscur, pour le guider et le conseiller pour les actes ultérieurs de sa vie.

Quant au rêveur qui aspire à recevoir des réponses concernant sa santé et les soins à effectuer, il va, après une préparation au rêve, dormir dans le temple : c'est là qu'il recevra en rêve les réponses à ses demandes.

1- Rôle du prêtre :

Le prêtre y a un rôle d'accompagnateur, mais également de devin des messages délivrés. C'est le successeur du chaman, et le précurseur de nos psychanalystes.

Les rêves de cette époque sont issus, bien évidemment, des inquiétudes liées aux méconnaissances de l'époque : l'obscurité de la nuit renferme de multiples dangers, et le rêve met en contact direct avec ces dangers. Le prêtre joue un grand rôle dans la préparation du rêve, et l'incubation ou "sommeil du temple" est l'opération de mise en relation du rêveur avec le dieu.

2- Rêve et sommeil

Le sommeil assure des fonctions essentielles :

- la réparation et la régénération du corps et de l'esprit, l'accès au rêve,
- la communication entre les hommes et les dieux,
- il établit une passerelle entre les trois mondes : le monde d'ici-bas, le monde des morts et le monde des dieux.

La mort et le sommeil étaient très proches pour les égyptiens. Comment donc décrivent-t-ils cet état de la conscience ? Pendant le sommeil, l'homme plonge dans l'océan primordial d'où tout est sorti. Le monde a émergé de cet océan primordial, tout comme les continents de l'eau primitive, ou le bébé du liquide amniotique. Un élément est ici à retenir que nous retrouverons plus tard : en allant vers le rêve, nous régressons vers le passé, vers l'époque où nous étions encore vierges de toute éducation sociale. Chez les Egyptiens, le jour est le règne du monde organisé, le règne de Rê, le dieu Soleil. La nuit, c'est le règne des ténèbres et de tous les dangers.

Il nous ouvre la porte sur le monde des dieux et des démons (ce que l'on ne peut percevoir, mais que l'on ressent), mais également sur le monde des êtres désincarnés et des morts. Mais alors que la vision du rêve, considérée comme une vision réelle, sert à aider le dormeur à résoudre des problèmes et à entrevoir l'avenir, les dangers encourus nécessitent de se protéger.

3- Typologie de rêves

Il existe pour les égyptiens deux sortes de rêves :

- les rêves spontanés, ceux qui surgissent tout naturellement, et pour quiconque, tout au long de la nuit.
- les rêves provoqués pour entrer en relation avec une divinité. Le dormeur essaie alors de trouver de l'aide, afin de résoudre des problèmes ou de percevoir le futur.

Pour résoudre les rêves spontanés, les Egyptiens ont élaboré, à l'instar de Mésopotamiens, une clé des songes qui, comme toute clé des songes, ne s'intéresse pas à l'individu : le rêveur est oublié, ainsi que le contexte du rêve. Nous pourrons toutefois en profiter pour appréhender le mode de pensée de la société. Déjà s'instaurent les bases d'une partition entre tous les éléments du rêve qui seront considérés comme bons ou mauvais, et cette partition demeurera dans toutes les analyses ultérieures des rêves.

Les rêves provoqués avaient pour fonction la mise en relation avec une divinité. La réponse concernait soit la résolution d'une difficulté du quotidien, soit la guérison d'une maladie. En ce sens, les rêves aident à avancer dans la vie. Mais le dormeur est vulnérable, et des démons malveillants peuvent s'approcher de lui et lui nuire. Des protections sont alors nécessaires pour se protéger de ces dangers. On a pu retrouver des textes de protection inscrits sur des papyrus.

4- Rivalité dualiste

Dès l'antiquité égyptienne, nous retrouvons cette rivalité entre deux forces :

- les parties de notre psyché qui ont besoin du jour et de la lumière pour se retrouver dans le monde connu et rassurant...
- et les forces ancestrales, représentées par le serpent Apophis, lesquelles réapparaissent au cours de la nuit. Rê est la force consciente qui doit céder du terrain lorsque surgit le monde inconscient de la nuit. Mais à l'instant où surgit le monde fluide et immatériel du rêve, la conscience qui perd ses structures habituelles a besoin d'en créer de nouvelles.

La barque est le symbole de ces protections qui permettent à la raison d'approcher des aspects dangereux de l'inconscient sans y être englouti.

Dans ce combat qui consiste à affronter le dieu serpent Apophis, les forces du jour n'entendent pas renoncer à leurs prérogatives.

Grâce aux connaissances intuitives des Egyptiens, nous découvrons ici quelles forces sont en présence, et surtout lesquelles se combattent.

Il est difficile pour la raison de pénétrer rassurée dans le monde des ténèbres. Mais qu'y trouve-t-elle? Et que va-t-elle y combattre? Nous retrouvons le combat de la raison et de l'instinct, mais surtout nous retrouvons la présence de trois forces :

- l'instinct primitif, symbolisé par le serpent Apophis, c'est-à-dire le fonctionnement vital individuel,
- le dieu du jour lui-même quittant son humanité pour devenir un faucon prédateur,

- et un autre esprit animal (dieu Seth), difficilement identifiable, possédant des caractéristiques particulières pour faire gagner les forces du jour.

En effet, pour vaincre, la raison doit être assistée par ce dieu, dieu aux formes non définies (n'appartenant pas au monde instinctif connu, mais plutôt créé de toutes pièces) : capable de détruire toute forme de vie, ambitieux, comploteur. Nous retrouvons également la problématique de tout homme rationnel : l'intelligence rationnelle est tellement prise par le combat, qu'aucun autre élément n'accède à sa perception. Voyons d'abord comment ces dieux ont évolué depuis l'époque où ils étaient des génies ou esprits animaux.

Nous retrouvons ainsi :

- des dieux qui ont conservé leur identité animale,
- des dieux hybrides animaux-humains
- des dieux majeurs à représentation humaine.

Le nouvel « esprit » humain ne reconnaît plus l'esprit animal comme une entité à part entière, il ne l'accepte que s'il est affublé d'un corps et de caractéristiques humaines.

Ce combat est très représentatif de la psyché de l'époque égyptienne :

- les forces animales ne sont plus des forces naturelles comme dans les époques précédentes, elles sont devenues surnaturelles.
- l'esprit humain est en train d'investir ce territoire qui se peuple maintenant d'hybrides animaux-humains.
- quant aux esprits animaux qui conservent leur identité (comme Apophis le serpent) ils ne peuvent qu'être combattus... Notons au passage que ce sont les instincts les plus primaires (représentés par des animaux à sang-froid) qui résistent le mieux à la raison.

Chez les Egyptiens, le monde désiré des dieux bienfaisants et rassurants, côtoie le monde inquiétant des puissances instinctives assimilées à la mort. La société vient de marquer son empreinte : l'individualité et l'instinct sont synonymes de mort sociale, et doivent être supprimés...Mais c'est surtout l'instinct purement individualiste qui est réprimé... et qui réapparaît sans cesse car il est impossible de l'annihiler. L'ordre social représenté par Pharaon est confronté à des dieux animaux et instinctifs. Il distingue l'instinct utile de l'instinct inutile. Ces deux mondes sont l'ébauche des mondes du Bien et du Mal que nous retrouverons ultérieurement.

Que nous disent alors les rêves ? Le rêve entr'ouvre la porte sur le monde des dieux et des démons (le ressenti agréable et désagréable), ainsi que sur celui des morts (la mémoire). La pensée rationnelle est confrontée à un monde d'animaux qui ont perdu leurs caractéristiques primitives : ils sont désormais représentés de manière anthropomorphique (le monde instinctif a perdu ses caractéristiques primitives, la pensée instinctive est partiellement absorbée par la pensée rationnelle). L'instinct n'est plus aussi animal, mais il demeure très inquiétant, même si des capacités bénéfiques lui sont reconnues. Seul l'instinct hybridé de caractéristiques humaines possède des capacités bénéfiques.
Par contre, l'instinct qui n'a pu être apprivoisé est combattu avant même d'être compris.
Ainsi s'installe la notion de « souhaitable » et de « dangereux ».
- ce qui est souhaitable (le ressenti agréable lié aux dieux) sera recherché,
- ce qui est dangereux (le ressenti pénible attribué aux démons ou aux dieux des morts) sera combattu et écarté. Pour cela on utilisera des prières ou des rites protecteurs. Le rêve ne sert plus à avancer que si les « bons » dieux le permettent.

Quant aux mauvais, on ne cherche pas à les comprendre, il faut seulement s'en protéger. L'homme a donc quitté le monde du ressenti direct, ou plutôt il a quitté la moitié de son ressenti, préférant ne conserver que celle qui lui est agréable!...

Cette disparition du ressenti intuitif apparaît dans le songe de Pharaon des sept vaches grasses et des sept vaches maigres. Pharaon, qui s'avère incapable de gérer l'économie de l'Egypte, reçoit en rêve un avertissement. Toutefois, incapable de comprendre ce message, c'est le bon sens de Joseph qui saura le traduire (Genèse 41 : 17). Le rêve est donc au service de la société, sans être pour autant soumis à l'autorité sociale.

Alors ? Ce monde dans lequel nous fait pénétrer le rêve et qui est composé de quatre éléments : soi, les dieux, les démons et les morts, pourra-t-il être compris et véritablement initiatique si la plupart des images qu'il génère sont exclues? Et quel enseignement pourrait en être retiré si la mémoire qui nous inquiète est effacée ? Notons au passage que c'est Bès, le lutin, qui assure la protection de l'homme durant son sommeil. Apophis, le dieu serpent jugé malfaisant, ne porte pas d'arme, et ce n'est pas lui qui mène le combat. Quant à la raison prédatrice qui règne sur le monde du jour, quelles sont ses alliées indispensables dans ce combat? L'ambition et la fourberie représentées par Seth. Mais la variabilité dans les représentations des dieux (Rê peut-être à la fois homme ou faucon, Anubis peut-être à la fois chacal, ou hybride d'humain et de chacal) montre que la symbolique de cette époque n'est pas clos. Les croyances et leurs représentations sont en perpétuel remaniement, en fonction des lieux et des groupes ethniques.

II- Grèce antique

Dans la Grèce antique la représentation des dieux se stabilise. Nous passons alors des dieux animaux et instinctifs de l'Egypte, aux dieux humanisés de la Grèce. Les égyptiens avaient mis en place cette évolution : déjà, les dieux directeurs (Osiris, Isis) possédaient figure humaine. Le problème n'est plus aussi fortement celui de l'instinct qui semble définitivement contrôlé. Ce faisant, puisque la raison contrôle désormais les forces de l'Olympe, c'est l'ensemble des dieux qui deviennent humains. L'homme, puisqu'il est si semblable à ses dieux, peut désormais avoir accès à la divinité (Héraclès devient immortel et est consacré dieu des ephèbes).

Une autre évolution intervient : chez les égyptiens, les dieux devaient demeurer sur terre pour protéger les hommes; chez les Grecs ceux-ci élisent domicile dans un monde à part : l'Olympe. La contrepartie est que les hommes peuvent avoir des relations privilégiées avec eux (mariage d'Eros et Psyché).

En sortant du monde naturel et en commençant à s'installer dans le monde qu'il a créé de toutes pièces, en devenant un être social, l'homme n'a plus été confronté aux sensations générées par la nature seule. Sa perception du monde s'est modifiée, ainsi que les interprétations qui en découlent. Les génies de la nature ont ainsi évolué pour devenir des dieux totalement anthropomorphes. Personnification des forces qui gouvernent le monde, ils ont acquis les qualités, mais aussi les défauts des humains.

Cette transformation montre que la raison humaine continue à investir le monde de l'inconscient, jusqu'à le remplacer... Comme dans l'Ancien Testament, les anciens mêlent dans la mythologie des légendes et des faits historiques. Les hommes n'hésitent plus à s'identifier à leur dieu, et même à envisager des possibilités d'union... (cf. le mythe d'éros et Psyché).

Mais si les hommes conçoivent que ceux qui souhaitent accéder à la divinité doivent traverser des épreuves et en sortir vainqueurs (cf les travaux d'Hercule), ils s'intéressent surtout à la divination pour apaiser leurs inquiétudes.

L'avenir est alors révélé par les dieux, dans des lieux précis, sur des sujets déterminés et dans le respect des rites. Ces oracles peuvent être transmis aux mortels par les songes, après une nuit passée dans le temple à même le sol, mais ils peuvent aussi s'exprimer par l'intermédiaire de la pythie, prêtresse d'Apollon, chargée de transmettre les oracles du dieu à Delphes.

Des conditions particulières sont nécessaires pour que la divination puisse avoir lieu :

- le fait que la pythie s'exprimait pendant longtemps en vers pourrait indiquer la prééminence du cerveau droit (cerveau intuitif et poète) pour donner la « révélation »...
- d'autre part il était nécessaire que la pythie apparaisse simple, sans luxe, et qu'elle soit dans l'ignorance de toute chose, ce qui privilégie la spontanéité sur l'apprentissage.

Un dieu un peu à part est Morphée. Fils d'Hypnos (le sommeil) et de Nyx (la nuit), il est le dieu des rêves. Ainsi, dieu polymorphe, il prend la forme des différents êtres humains qui apparaissent dans les songes des dormeurs... Il est le dieu capable de révéler aux hommes des secrets (dans la légende d'Alcyoné, il apparaît à celle-ci sous les traits de son époux, et lui révèle qu'il a péri dans un naufrage).

Mais il sera foudroyé par Zeus pour avoir communiqué des secrets aux mortels. Ainsi, la partie individuelle, adaptable et transformable, de la psyché peut nous faire connaître des secrets. Elle révèle alors sa fonction intuitive. Toutefois, cette partie n'a pas le droit de s'exprimer totalement, elle ne peut pas révéler tous les secrets... Plus précisément, elle peut être annihilée par les forces rationnelles qui, après avoir investi l'Olympe, ne laissent pas n'importe qui accéder à la connaissance. En pratique, le rêve peut être oublié si la raison qui reprend ses droits au réveil refuse d'en prendre conscience et, en quelque sorte, oppose son veto.

En dehors de la croyance, une figure clé de la Grèce antique, Artemidore de Daldis, a condensé dans un ouvrage dont Freud s'est inspiré, "l'Onirocriticon" tout le savoir de l'époque sur la divination par le rêve.

Cet auteur grec distingue diverses catégories de rêves, selon qu'ils sont prémonitoires ou non, que leur réalisation est immédiate ou non, et selon qu'ils impliquent le rêveur ou ses proches, la collectivité ou le cosmos.

Il établit une classification qui distingue les songes abstraits, les songes concrets, et les songes symboliques. Le rêve correspond à la réalité ; il est symbolique : "par une chose il en signifie une autre, l'âme nous avisant naturellement qu'il y a je ne sais quoi de secret caché dessus ". Nous retrouvons avec lui la notion de déplacement, chère à Sigmund Freud : le rêve cache les désirs sous les symboles. Mais ce sens caché peut être décrypté par une clé des songes, ainsi Artemidore analyse-t-il le rêve.

Le rêve ne se trompe jamais : pour Artemidore, le rêve est, par définition, toujours vrai, mais, du fait de son caractère symbolique, il peut être mal interprété. Pour expliquer cela, il évoque le songe du capitaine de navire qui, égaré à la suite d'une tempête, s'était vu en rêve demander s'il arriverait jamais à Rome. La réponse avait été " ou", qui signifie « Non ». Or, ce capitaine était pourtant bien arrivé à Rome, mais 470 jours plus tard. Était-ce une erreur ? Non, explique Artémidore, car, dans le système de notation mathématique employé en grec, « ou » est constitué de deux lettres, la lettre omicron qui vaut 70 et le upsilon qui vaut 400, le tout faisant bien 470. Le rêve ne s'était donc pas trompé.

Le bon et le mauvais sont toujours présents : "Songer est un mouvement ou une fixation de l'âme en diverses formes et qui signifie des bonheurs ou des malheurs à venir" Nous retrouvons par exemple ces composantes dans le rêve suivant : De Naître. "Si quelqu'un songe qu'il sort du ventre d'une femme, comme pour naître au monde, il faut juger en telle sorte. Ce songe est bon à celui qui est pauvre, car il aura des moyens ou des amis qui le nourriront; mais s'il est artisan, et d'un métier qui requiert qu'on travaille des mains, le songe lui prédit qu'il sera sans œuvrer".

Tout comme la réalité du rêveur peut être à l'origine du rêve, le rêve est lié au vécu du rêveur, et ce vécu conditionne son devenir. Ainsi, dans ce rêve, on pourrait dire que le sujet se voit nouveau-né...

- tout d'abord un nouveau-né n'a rien, mais il est entouré d'amis...
- ensuite, il n'a pas encore la force d'agir ! Un homme qui reste enfant verra obligatoirement sa vie professionnelle échouer.

Ainsi, symboliquement, les deux assertions de cette clé des songes s'avèrent justes même si, prises au pied de la lettre, elles peuvent s'avérer complètement fausses.

Nous constatons ici que le rêve reflète les préoccupations de la vie quotidienne du rêveur, et qu'il ne prend pas en compte l'évolution personnelle!

Dans ce rêve, la clé, si elle est donnée, ne permet pas au rêveur d'en approfondir le sens qui pourrait être par exemple : "grandis un peu et tu seras capable de gérer ton entreprise !"

Que retenir maintenant ? La pensée rationnelle représente désormais les dieux sous une forme humaine! Et force est de constater que, dans le domaine des dieux, les attributions de chacun sont très proches des attributions humaines dans le monde terrestre. La représentation des dieux dénote l'état d'esprit de la pensée rationnelle à l'égard des comportements représentés.

Mais que sont devenus les dieux instinctifs? On les retrouve bien dans les rêves, mais leur interprétation est soumise aux clés définies par la société. Le rêve peut-être abstrait, symbolique ou au contraire très clair. Et, en ce sens, l'inconscient montre bien sa capacité à générer toutes sortes d'images que notre pensée rationnelle devra interpréter.

Il peut cacher un secret, et même travestir son sens. A l'inverse, il peut également livrer un secret, une "intuition"... Toutefois, si ce secret fait partie des interdits sociaux, le rêve sera occulté. Le rêve pourrait ne jamais se tromper, mais notre inconscient apporte des réponses que notre raison ne peut pas toujours interpréter. Il peut s'exprimer d'une façon poétique (cerveau droit). Il annonce le bon ou le mauvais.

La spontanéité plus que l'apprentissage peut permettre de comprendre le rêve. Il permet l'accession à la révélation divine au même titre que les épreuves que doivent affronter les héros. Et pourtant, les clés de songes ignorent tout processus d'évolution individuelle.

En ayant créé des dieux à leur image, les Grecs de l'Antiquité semblent les avoir rendus plus accessibles à la compréhension.

D'autre part les dieux primitifs deviennent inaccessibles car occultés. Malgré tout, si les instincts semblent complètement effacés du monde visible, leur fonction informative est conservée par le rêve et les devins qui le traduisent.

III- Judaïsme

1- L'Ancien Testament :

Dès la Genèse, on voit que la capacité de décoder les songes est dévolue à des magiciens ou des sages. Le commun des mortels n'y a pas accès !

Genèse 41:2 : Et voici, sept vaches belles à voir et grasses de chair montèrent hors du fleuve, et se mirent à paître dans la prairie
Genèse 41:3 : Sept autres vaches laides à voir et maigres de chair montèrent derrière elles hors du fleuve, et se tinrent à leurs côtés sur le bord du fleuve.
Genèse 41:4 : Les vaches laides à voir et maigres de chair mangèrent les sept vaches belles à voir et grasses de chair. Et Pharaon s'éveilla.

Genèse 41:8 : Le matin, Pharaon eut l'esprit agité, et il fit appeler tous les magiciens et tous les sages de l'Egypte. Il leur raconta ses songes. Mais personne ne put les expliquer à Pharaon. Personne n'est capable de répondre.

Seul Joseph le juste semblerait en être capable ! **Genèse 41:16**. Joseph répondit à Pharaon, en disant : "Ce n'est pas moi ! C'est Dieu qui donnera une réponse favorable à Pharaon". Mais ce n'est pas le devin qui donne l'explication, c'est Dieu lui-même (c'est-à-dire la partie inaccessible en soi). Nous pouvons retrouver le même thème dans d'autres passages de ces textes anciens : **Daniel 2:27.** Daniel répondit en présence du roi et dit : "Ce que le roi demande est un secret que les sages, les astrologues, les magiciens et les devins, ne sont pas capables de découvrir au roi". **Daniel 2:28**. "Mais il y a dans les cieux un Dieu qui révèle les secrets, et qui a fait connaître au roi Nebucadnetsar ce qui arrivera dans la suite des temps. Voici ton songe et les visions que tu as eues sur ta couche". Nous pourrions traduire aujourd'hui : "ce n'est pas ma raison ! C'est autre chose en moi, auquel je n'ai pas directement accès, qui donne la réponse". C'est en effet ce que nous appelons aujourd'hui "notre inconscient" qui se charge de susciter un rêve lorsque nous dormons, et qui nous en souffle le sens après notre réveil. La raison seule ne peut trouver le sens du rêve : elle ne peut qu'être à l'écoute de l'inconscient.

- **L'origine des rêves :** Bien avant Freud, les rêves sont aussi le fruit de nos désirs, besoins, manques : **Esaïe 29 :8 :** "Comme celui qui a faim rêve qu'il mange Puis s'éveille l'estomac vide Et comme celui qui a soif rêve qu'il boit Puis s'éveille, épuisé et languissant "
- **Le souvenir des rêves :** Beaucoup de rêves sont oubliés ainsi, Nabuchodonosor a oublié le songe qui venait pourtant de Dieu. **Daniel 2:3 :** Le roi leur dit : "J'ai eu un songe ; mon esprit est agité, et je voudrais connaître ce songe".

  Daniel 2:4 : Les Chaldéens répondirent au roi en langue araméenne : "O roi, vis éternellement ! Dis le songe à tes serviteurs, et nous en donnerons l'explication".

  Daniel 2:5 : Le roi reprit la parole et dit aux Chaldéens : "La chose m'a échappé ; si vous ne me faites connaître le songe et son explication, vous serez mis en pièces, et vos maisons seront réduites en un tas d'immondices". Mais il s'en souviendra lorsque Daniel lui en donnera l'explication sans toutefois avoir connaissance du rêve.

  Daniel 2 :47. Le roi adressa la parole à Daniel et dit : "En vérité, votre Dieu est le Dieu des dieux et le Seigneur des rois, et il révèle les secrets, puisque tu as pu découvrir ce secret".

Ainsi cette partie de soi dont l'accès est si difficile possède la connaissance de toutes choses : celui qui l'écoute posséderait même la connaissance intuitive de ce que ressentent ses semblables. Si nous résumons cet épisode, même celui qui n'a pas la sagesse peut la recevoir en rêve. Mais, au réveil, sa conscience normale va en perdre le souvenir. Cette connaissance peut cependant être retrouvée.
Ainsi, ce qui a été oublié par la raison demeure accessible grâce à une perception intuitive, c'est-à-dire par ce que l'on ressent. Toutefois, il est sous-tendu dans ce texte que le rêve n'est pas indispensable : la sagesse suffit pour accéder à la connaissance. (Daniel n'a pas eu besoin de connaître le rêve pour saisir intuitivement de quoi il s'agissait, et savoir le traduire. Nous pourrions dire qu'il lui a suffi de percevoir la personnalité du rêveur!).

- **Dieu parle au travers des songes :**
  Job 33:14 : Dieu parle cependant, tantôt d'une manière, tantôt d'une autre, et l'on n'y prend point garde.
  Job 33:15 : Il parle par des songes, par des visions nocturnes, Quand les hommes sont livrés à un profond sommeil, Quand ils sont endormis sur leur couche.
  Job 33:16 : Alors il leur donne des avertissements Et met le sceau à ses instructions,
  Job 33:17 : Afin de détourner l'homme du mal Et de le préserver de l'orgueil,
  Job 33:18 : Afin de garantir son âme de la fosse Et sa vie des coups du glaive.

Il s'adresse parfois à des prophètes. **Nombres 12:6.**Et il dit : "écoutez bien mes paroles ! Lorsqu'il y aura parmi vous un prophète, c'est dans une vision que moi, l'éternel, je me révélerai à lui, c'est dans un songe que je lui parlerai".

Dieu peut donc guider au moyen des songes. On pourrait affirmer cela autrement : les songes constituent la parole d'un « guide intérieur » capable de nous conseiller. Ce n'est donc pas celui qui censure ses rêves ou les oublie qui pourra avoir accès à ce guide.

Il parle aussi à ses élus après s'être révélé à eux : **Genèse 28:12.** Il (Jacob) eut un songe. Et voici, une échelle était appuyée sur la terre, et son sommet touchait au ciel. Et voici, les anges de Dieu montaient et descendaient par cette échelle.

Mais il ne dédaigne pas les simples mortels : **Genèse 41:1.** Au bout de deux ans, Pharaon eut un songe. Voici, il se tenait près du fleuve. Par contre, si on ne suit pas ses conseils et qu'on se révolte contre "Lui", il peut aussi nous punir. Ce que, dans la perspective de notre étude, on peut exprimer ainsi : si l'on va à l'encontre de ce que l'on ressent, la physiologie du corps n'est plus respectée. On ne peut qu'en subir les conséquences ! **Deutéronome 13:5.** Ce prophète ou ce songeur sera puni de mort, car il a parlé de révolte contre l'Eternel, votre Dieu, qui vous a fait sortir du pays d'Egypte et vous a délivrés de la maison de servitude, et il a voulu te détourner de la voie dans laquelle l'éternel, ton Dieu, t'a ordonné de marcher. Tu ôteras ainsi le mal du milieu de toi. Seule la voie juste, c'est à dire la voix du ressenti, doit être écoutée.

- **La compréhension des rêves :Ecclésiaste 5:2** « Ne te presse pas d'ouvrir la bouche, et que ton cœur ne se hâte pas d'exprimer une parole devant Dieu ; car Dieu est au ciel, et toi sur la terre : que tes paroles soient donc peu nombreuses ».
  Ecclésiaste 5:3 "Car, si les songes naissent de la multitude des occupations, la voix de l'insensé se fait entendre dans la multitude des paroles".
  La façon d'utiliser les rêves réclame l'écoute plutôt que la parole.

- **Pourquoi sont-ils inaccessibles? Esaïe 29:13** Le Seigneur dit : "Quand ce peuple s'approche de moi, Il m'honore de la bouche et des lèvres ; Mais son cœur est éloigné de moi, Et la crainte qu'il a de moi n'est qu'un précepte de tradition humaine". Si Dieu a un reproche à faire, c'est qu'on ne lui parle pas avec des mots venant du cœur : car seul compte ce qui est ressenti, alors que le poids de la tradition nous éloigne du plus profond de nous-même. Le véritable ressenti se passe de mots, il est indicible.

  Dans le rêve, parler est le rôle de Dieu, agir est l'attribut de la raison. Quoi de neuf dans l'Ancien Testament? Il se confirme tout d'abord que :

- les songes sont issus des actes.
- les rêves sont aussi le fruit de nos désirs, besoins, manques.
- celui qui n'a pas la sagesse va oublier le rêve.

- la connaissance du rêve n'est pas nécessaire pour accéder à son interprétation.

C'est au travers des songes qu'un guide (Dieu en l'occurrence) nous parle.
Ce guide peut nous libérer, mais il peut aussi nous punir (rappelons-nous que le rêve est lié à la santé). Nous parler est le rôle de "Dieu", agir en conséquence est l'attribut et le devoir de la raison.
Paradoxalement, le langage de la parole n'est pas le langage de "Dieu".
Nous pourrions dire alors que le langage de l'inconscient n'a rien à voir avec le langage de la raison.
La peur de l'inconscient est une peur, transmise au cours des âges (grâce à la tradition), de contenus jugés dangereux pour la société.

2- La Kabbale

La Kabbale est une tradition ésotérique du judaïsme, présentée comme la « Loi orale et secrète » donnée par Dieu à Moïse sur le mont Sinaï, en même temps que la « Loi écrite et publique » (la Torah). Elle trouve sa source dans les courants mystiques du judaïsme synagogal antique.
Selon **Zohar I, 183b**, "rien ne se matérialise dans le monde qui n'ait été d'abord révélé à une personne dans un rêve" Même si c'est Dieu qui souffle la solution, c'est l'homme qui l'entend en se souvenant de son rêve.
Et **Zohar I 251b**, "les édits de la Cour Céleste sont d'abord montrés aux enfants de l'homme dans les rêves, ensuite après un court laps de temps, les choses arrivent".

Il est à nouveau suggéré la nécessité d'être "enfant" pour comprendre les rêves. Et il est également suggéré l'idée, que même si l'homme est incapable de le discerner, tout ce qui se matérialise dans le monde peut être perçu grâce à une « intelligence » à laquelle l'homme n'a pas directement accès. (Peut-on attribuer à cette « intelligence » le fait que lors du tsunami du 29 décembre 2004, aucun animal mort n'a été retrouvé, comme si les animaux, et entre autres les éléphants, avaient pu anticiper l'événement?).

Toujours est-il que le rêve est décrit comme l'aboutissement d'un processus intérieur qui inclut la perception et l'analyse de la situation. Reste au rêveur la responsabilité de la mise en application de son rêve.

"Le Créateur nous a modelé afin que la part divine de notre âme puisse être d'une certaine manière détachée de ses liens physiques durant le sommeil. Les aspects supérieurs de l'âme sont élevés et séparés du corps". (Rabbi Moshé Chaïm Luzzatto, La Voie de Dieu, III1:6)

La partie de notre âme dont nous avons perdu conscience et que nous avons à découvrir est détachée de nous, et pourtant c'est cet aspect qui s'avère le plus important.
C'est là tout le paradoxe du rêve : c'est cette partie supérieure qui nous anime, mais nous la rejetons parce qu'elle est incompatible avec notre raison. D'où la difficulté de comprendre un mécanisme qui a été tronqué... L'homme possède donc une âme qui se présente sous deux aspects :

- un aspect supérieur qui nous échappe,
- et un aspect inférieur lié à la conscience du quotidien.

Nous retrouverons cela plus tard, d'une autre manière, lorsque l'"Esprit" symbolisera le positif, et le corps sera chargé de tous les aspects négatifs. L'être humain perd de plus en plus son unité. "L'information elle-même (...) se mêle avec les autres pensées, désirs et phénomènes physiques qui en perturbent la transmission."[3] (Rabbi Moshé Chaïm Luzzatto[4]).

Parfois l'information est vraie, mais elle peut aussi être altérée, selon la source de ces informations.

D'ailleurs, selon le talmud : "il n'y a aucun rêve qui n'ait une part de mensonge en lui". Mais alors ?... Quelle est la valeur du rêve ?...

Toujours d'après le talmud (Berakhot 55b), "il y avait du temps du Second Temple, 24 interprètes des rêves qui en faisaient leur profession. Un jour Rabbi Binah'ah eut un rêve et il se rendit chez chacun des interprètes afin d'en connaître la signification. Les 24 interprètes donnèrent une signification différente".

Cela pourrait signifier que les 24 interprétations étaient fausses. Toutefois, Rabbi Binah'ah relate ensuite que les 24 interprétations se réalisèrent toutes.

---

[4] Rabbi Moshé Chaïm Luzzatto, La Voie de Dieu, III1:6).

Cela signifie donc que le rêve s'est accompli en 24 modalités différentes dans la vie de Rabbi Binah'ah.

Deux possibilités nous sont suggérées ici :

- l'interprétation est variable suivant l'interprète, ce qui fait naître un sérieux doute sur la validité de cette interprétation...
- mais si toutes les interprétations sont justes, cela signifie peut-être que le rêve a un caractère polyvalent, pouvant s'inscrire sur plusieurs niveaux de compréhension (ce que nous verrons ultérieurement).

Contrairement aux simples clés des songes, il est tenu compte du sujet comme support qui oriente le rêve : "Lorsque l'âme d'un homme qui dort s'élève, s'il est un pécheur alors son âme est rejetée dans le lieu des forces et puissances du mal" (Zohar III, 222b). C'est justement ce que nous allons retrouver dans les rêves : celui qui commet sans cesse des erreurs est toujours confronté à des rêves difficiles. L'aspect initiatique du rêve n'est pas abordé ici : mais à partir de la constatation que le rêve reproduit les situations du quotidien, on pourrait en déduire que c'est au sujet de trouver, seul, sa voie dans le rêve, et de revivre sa « faute » jusqu'à ce qu'il en ait trouvé la solution.

D'autre part, le rêve est lié à la santé, qu'elle soit physique ou mentale. De la racine du mot, "chalam" (rêve), provient également le mot "hachlama" qui signifie santé.

Dans la kabbale, les rêves sont répartis en trois catégories :

- la première partie concerne les événements liés à l'"ego".
- la deuxième partie concerne le "Moi". L'inconscient est projeté sur l'écran de "Yessod" durant le sommeil afin que l'attention de l'ego soit éveillée à ces problèmes
- la troisième catégorie est nommée prophétique.

Mais comment contrôler ou déclencher ces rêves si importants pour l'homme ? Trois méthodes sont décrites :

- L'exemple : Joseph le Tsaddik, fils de Jacob, dit "Joseph le juste", celui qui est capable de pardonner et qui sait renoncer à tout son vécu quand il constate que celui-ci le mène dans une impasse, nous a montré sa capacité à "lire" les rêves[5] .

Ne serait-ce pas là une indication ? Ne serait-il pas nécessaire avant tout d'intégrer l'acte juste dans sa vie pour accéder à ce à quoi on ne peut accéder? ...être en premier lieu juste dans chacun de ses actes, puis pardonner, c'est-à-dire ne pas épuiser son énergie à revenir sans cesse sur les traumatismes du passé.

- La prière : cependant, bien que Joseph ait montré la voie à suivre (c'est-à-dire l'acte juste et le pardon), c'est la prière cabalistique qui va être le processus mental employé pour entrer en contact avec les sphères dites supérieures, détachées pendant le sommeil. La parole remplace l'action.
- L'émotion : une troisième méthode consiste dans un processus que l'on pourrait qualifier d'émotionnel. C'est le « pleur mystique », qui permet d'accéder à la conscience ou à la révélation prophétique... « Accroissez vos lamentations, tandis que les portes des larmes ne sont pas fermées et que les portes supérieures vous sont ouvertes » (MS Oxford 1706, fol. 494b). Il est donc suggéré d'effectuer un retour vers ses émotions pour atteindre leur source. Les larmes représentent en effet un retour à l'enfance et aux émotions qui surgissent spontanément lorsqu'on ressent très fort quelque chose. Oublier l'esprit du texte pour s'en tenir au pied de la lettre peut conduire à des comportements inadaptés. Peut-on remplacer les larmes de tristesse par des pleureuses professionnelles ?

Que retenir maintenant de tout cela ?

Tout d'abord, une part de notre âme dont nous avons perdu conscience s'est détachée de nous, et c'est elle qui inspire le rêve. Paradoxalement, elle est indissociable de notre vie quotidienne. Nos rêves correspondent donc à ce que nous sommes dans la vie.

Cependant, il est possible de savoir ce qui se passe en nous durant les rêves en appliquant des règles qui ne sont pas celles de notre raison. La compréhension des rêves n'appartient pas au monde des adultes dont la pensée a subi l'influence sociale. Pour accéder à cet univers il est nécessaire d'avoir conservé son âme d'enfant.

Les émotions sont, elles aussi, primordiales pour faire parler l'inconscient ! N'est-ce pas l'enfant qui peut le mieux laisser sa sensibilité s'exprimer ? Les adultes qui manquent d'attention à eux-mêmes et aux autres vont y accéder par le rêve : ainsi, la personne rencontrée le matin qui nous a paru en bonne santé, va se révéler malade dans le rêve. Le rêve nous

---

[5] cf :coran 12-43 ; genèse 41-18 : les sept vaches belles et les sept vaches maigres. Le songe de Pharaon

révèle la réalité dont nous n'avions pas eu conscience.

IV- Islam

Mahomet a dit : "Le rêve provient de trois sources: il peut être une vision opérée par Allah, ou une perte provoquée par Satan ou le résultat des pensées qui animent l'intéressé à l'état de veille et se transforment en images au cours du sommeil". (Boukhari n°6499 et Mouslim n°4200)
Les rêves sont donc de trois sortes :

- des rêves de source divine (rahmani),
- des rêves de source satanique (shaitani),
- et des rêves de source humaine (nafsani).

Ibn Hajar distingue quant à lui deux catégories:

- Les rêves qui se révèlent vrais. C'est-à-dire les rêves des prophètes et leurs pieux successeurs. Le rêve vrai est celui qui se traduit fidèlement dans la réalité.
- Et ceux qui ne contiennent aucune information utile. Ces derniers peuvent renfermer des manœuvres sataniques pour perturber le rêveur, on peut y voir des anges conseillant de se livrer à des actes interdits, mais il peut s'agir également de ses propres pensées que l'on voit se concrétiser ou reproduire le quotidien (Fath al-Bari, 12/352-354).

Les rêves des prophètes sont une révélation divine. Par contre le rêve du simple croyant a peu de valeur : seulement un quarante sixième de la prophétie. Le rapport du rêve à la réalité est fonction de la franchise du rêveur. Selon Abou Hourayra, le Messager d'Allâh a dit : "Ceux d'entre vous qui ont les rêves les plus vrais, sont ceux qui ont le parler le plus véridique". (Al-Boukhâri et Mouslim)
Cependant subsiste la dualité, voire l'opposition, entre le bien et le mal. Selon Abou Saïd Al-Khoudri, le Prophète a dit:

"Quand l'un de vous voit en rêve quelque chose qu'il aime, cette vision ne provient que d'Allâh le Très-Haut.". «Et quand il y voit quelque chose qu'il n'aime pas, cette vision ne provient que du Diable. et qu'il n'en parle à personne". (Al-Boukhâri n°6584 et Mouslim n°5862) Ainsi, sur deux types de rêves, un seul pourra être accepté, et servir dans la vie du rêveur, l'autre étant immédiatement rejeté. D'autre part, la partie la plus importante reconnue par la psychologie, exprimer pour être apaisé (que l'on retrouve dans la confession : reconnaître pour être pardonné) est exclue.

v- Christianisme

Dans le christianisme, le rêve tient aussi une place particulière.

1- Le Nouveau Testament

La vision du rêve dans le Nouveau Testament est peu différente de celle évoquée dans l'Ancien Testament. Cette époque débute immédiatement avec des rêves : **Matthieu 2:12.** Puis, divinement avertis en songe de ne pas retourner vers Hérode, ils regagnèrent leur pays par un autre chemin. **Matthieu 2:19.** Quand Hérode fut mort, voici, un ange du Seigneur apparut en songe à Joseph, en Egypte,**Matthieu 2:22.** Mais, ayant appris qu'Archélaüs régnait sur la Judée à la place d'Hérode, son père, il (Joseph) craignit de s'y rendre et, divinement averti en songe, il se retira dans le territoire de la Galilée.

- le rêve des mages qui retournent en Orient sans retourner voir Hérode. **Matthieu 2:12.** Puis, divinement avertis en songe de ne pas retourner vers Hérode, ils regagnèrent leur pays par un autre chemin.

- le rêve de l'épouse de Pilate qui vit Jésus en rêve avant qu'il ne soit jugé. **Matthieu 27:19.** Pendant qu'il (Pilate) siégeait sur l'estrade, sa femme lui fit dire : Qu'il n'y ait rien entre toi et ce juste ; car aujourd'hui j'ai beaucoup souffert en songe à cause de lui.

Que devient le rêve à ce stade de l'Histoire? Il semble avoir évolué...De simple simulateur permettant de s'adapter au monde environnant naturel, il a acquis une fonction sociale. Désormais, il prévient l'individu pour le protéger de l'autorité, et il prévient également l'autorité de ne pas intervenir contre l'individu...

Dans le face à face individu-ordre social, Dieu prend le parti de l'individu.

Même s'il s'est distancié de l'homme, Dieu continue à lui parler. Il le fait par le rêve, et il protège l'individu de l'ordre social injuste.

2- La religion chrétienne

Une tentative de l'Esprit pour reprendre pied dans le monde des humains semble se faire par l'intermédiaire du Christ. Fils de Dieu, c'est-à -dire héritier de l'Esprit, les actes de sa vie traduiront directement les enseignements de ce dernier...

L'Inaccessible, représentée par le Dieu de l'Ancien Testament, nous annonce que c'est son Fils qui est l'héritier de sa connaissance, et qu'Il va parler à travers lui.

Dans le Nouveau Testament la révélation est l'apanage du Christ. **Hébreux 1:2.** Dieu, dans ces derniers temps, nous a parlé par le Fils, qu'il a établi héritier de toutes choses, par lequel il a aussi créé le monde.

Il a d'autre part la capacité de corriger les erreurs. **Hébreux 1:3**. Et qui, (...) a fait la purification des péchés.

Par contre, passer par les rêves n'est plus une nécessité pour reprendre conscience de cette partie de notre âme que nous avions perdu... L'état d'"éveil" est accessible à l'homme en état de veille : avoir des songes et visions est une conséquence de l'effusion du Saint-Esprit, **Actes 2:4.** Et ils furent tous remplis du Saint Esprit, et se mirent à parler en d'autres langues, selon que l'Esprit leur donnait de s'exprimer. **Actes 2:17**. Dans les derniers jours, dit Dieu, je répandrai de mon Esprit sur toute chair ; Vos fils et vos filles prophétiseront, Vos jeunes gens auront des visions, Et vos vieillards auront des songes...

Actes 2:18 Oui, sur mes serviteurs et sur mes servantes, Dans ces jours-là, je répandrai de mon Esprit ; et ils prophétiseront. Avoir des songes et des visions peut désormais être accessible à tout homme, et pas seulement à un élu. Dans les évangiles, il n'y a que Matthieu qui parle de rêves. Mais, curieusement, ce mot disparaît du vocabulaire après la descente du Saint- Esprit à la Pentecôte. A partir de ce moment-là, on ne parle plus que de vision.

Apparemment, l'état de conscience n'est plus le même. Jusqu'ici il était nécessaire que les structures rationnelles (structures cérébrales liées à l'éducation) s'affaiblissent durant le sommeil pour permettre l'apparition du rêve, sa prise de conscience, et la compréhension de son enseignement.

Après la descente du Saint- Esprit, cette conscience élargie semble pouvoir appartenir au domaine du quotidien. Les messages de tous les grands prophètes qui s'étaient exprimés avec la voix de la sagesse seront noyés sous les textes qui peuvent être interprétés de multiples manières.

VI- Moyen-âge

La chrétienté de l'époque est à cheval sur deux mondes : chrétien et païen. Les songes y foisonnent d'éléments naturels, d'éléments de la religion chrétienne auxquels se mêlent les croyances païennes.
L'accès à la connaissance, source de remises en question, est fort mal vu des autorités religieuses. La lecture de la bible elle-même est interdite. Quant aux rêves, en raison des certitudes personnelles qu'ils peuvent apporter à certains, leur interprétation n'est pas autorisée. Elle est d'ailleurs assimilée aux pratiques de sorcellerie. Le rêve est l'œuvre du diable.
Toutefois, malgré leur condamnation par l'église, les rêves conservent une grande importance... Dans les rêves de cette époque, coexistent deux mondes:

- le monde de l'église avec Jésus, les anges et le diable
- et celui de la royauté, le roi étant choisi par Dieu pour protéger la Sainte Eglise et la vraie Foi.

A côté du monde spirituel, existe donc le monde temporel : les rêves sont ainsi détournés pour renforcer l'autorité royale comme l'indiquent les clés des songes de l'époque.
Quant à l'ordre social, il est représenté par les différents règnes animal et végétal. Le roi est symbolisé par le Soleil, la reine par la Lune.

Si le roi et ses seigneurs sont symbolisés par les grands fauves, les animaux domestiques représentent le peuple...

Dans cette clé des songes élevée au rang d'institution, le corps humain n'échappe pas au parallèle établi avec le corps social : la tête est le souverain, les mains les soldats, et les pieds le peuple.
Les thèmes des rêves tournent autour de la santé, de la maladie, de la prospérité ou de la ruine. Le thème de la richesse apparaît dans les rêves liés aux sécrétions ou humeurs corporelles. L'autre dans le rêve est l'étranger. En tant que tel, il doit être dominé. (Nous verrons ultérieurement la portée de ce mot : car l'autre, dans le rêve, est toujours notre inconscient).

Si les clés des songes des égyptiens et des Grecs avaient pour fonction d'aider le rêveur à avancer dans sa vie, l'enseignement individuel du rêve est désormais totalement écarté. Le véritable but de ces clés des songes est de maintenir le pouvoir des autorités temporelles ou religieuses en place.

VII- Bouddhisme

1- le bouddhisme tibétain

Pour un bouddhiste tibétain, le rêve dénote de plusieurs sens :

- Le rêve lié aux tendances : Les tendances ou inclinations à l'état de veille sont à l'origine du rêve. Elles sont tellement ancrées dans notre personnalité, qu'on n'en a même plus conscience. Il s'ensuit que le rêve peut paraître tout à fait réel.
- Le rêve proche de la mort : L'endormissement qui conditionne l'apparition du rêve est aussi un état similaire à celui de la mort.
- Le rêve et la réalisation des désirs : Le bouddhisme voit le rêve comme un lieu où le rêveur peut intervenir pour modifier le contenu de son rêve.

Rien jusqu'ici que nous ne connaissions! Toutefois, nous avons vu que pour les hommes les plus primitifs, le rêve était certainement vécu naturellement comme un "entraînement" nocturne, comme peuvent le vivre les animaux. Nous avons également vu qu'ultérieurement il a été sollicité et vécu intentionnellement pour recevoir par son entremise le message des dieux (chez les Egyptiens). Le bouddhisme, lui, l'envisage d'une autre manière : le rêve doit être contrôlé!

Pour une meilleure utilisation du rêve :

- il faut tout d'abord reconnaître que l'on est en train de rêver : lorsque nous sommes normalement pris dans le rêve, nous n'avons pas conscience du fait que nous rêvons. Nous tombons alors, sans le savoir, sous l'emprise de nos tendances habituelles. Pour les reconnaître, il faudra en tout premier lieu reconnaître que l'on est en train de rêver..
- ensuite, le rêve devra être contrôlé. Moyennant quoi, il sera possible (en rêve, bien sûr) d'accéder à autre chose.

Le rêve nous donne aussi la capacité d'affronter nos peurs : "Si quelque chose ou quelqu'un s'apprête à nous tuer, et que nous parvenons à faire face à la peur, la personne menaçante ne pourra plus rien puisque c'est un rêve. La personne qui n'aura pas fui expérimentera alors ce que l'on appelle dans le bouddhisme la « Félicité-Vacuité". (ChépaDorjéRinpoché) C'est-à-dire qu'il est possible, malgré la conscience que l'on a d'être dans un monde d'illusions, que la peur apparaisse... L'étape à franchir sera de ne pas craindre d'affronter ce qui nous fait peur.

En apprenant à affronter les peurs dans un domaine reconnu fictif, donc sans risques, nous apprenons à affronter des situations dangereuses dans la réalité. Nous retrouvons ici la fonction « simulatrice » du rêve. Les intuitions du bouddhisme tibétain rejoignent les données de la science actuelle. En effet, nous avons vu qu'il existe dans notre cerveau des "neurones miroirs 1", neurones activés de manière identique, que l'on pense à une action, ou qu'on la réalise.

Ainsi, si nous parvenons à maîtriser consciemment notre peur dans un cauchemar, nous serons en train de vaincre notre peur. Et ce que notre cerveau est capable de faire en rêve, il en sera capable dans la réalité.

Tout comme dans l'analyse psychologique, les processus mentaux l'emportent sur l'action. Pour le patient en thérapie, le rêve sert à la prise de conscience, et c'est ultérieurement qu'il va passer à l'action dans la réalité. Pour le bouddhiste tibétain, avoir compris qu'il rêve lui permettra d'agir concrètement dans le rêve. Là aussi l'action réelle sera reportée.

Nous avons vu jusqu'ici que le rêve nous entraînait dans des situations qui nous échappaient. Désormais, le rêve va appartenir au domaine contrôlé par la raison.

C'est ce contrôle qui va permettre, en intervenant dans le domaine même de l'inconscient, de modifier les interrelations entre nos deux formes de pensée (instinctive et rationnelle); la souffrance s'apaisera, et on pourra ainsi accéder ainsi à l'expérience de « paix intérieure ». Nous retrouvons ici la fonction initiatique du rêve, mais de façon plus consciente. De plus, la pratique dans le rêve doit être complétée par la pratique dans cette vie même. Le changement de notre personnalité passe par la mise en pratique. Comme le dit très justement ChépaDorjéRinpoché, "actuellement, nous ne sommes pas de véritables êtres humains, nous sommes comme une moitié d'humain, nous ne sommes pas réellement complets". Ainsi sommes-nous, moitié conscients, moitié inconscients, et le rêve est le moyen de partir consciemment à la découverte de notre autre moitié, y déciuvrir et dépasser ses tendances, y affronter des situations, pour les exploiter dans le bardo suivant du "devenir".

2- Commentaires concernant les tendances

Les bouddhistes pensent qu'il n'y a pas de différence entre le vécu du rêve et le vécu de la réalité. Mais, à partir du moment où nous aurons pris conscience que nous sommes en train de rêver, serons-nous vraiment capables de nous corriger ? Comme nous contrôlons notre comportement dans la vie quotidienne en fonction de nos inclinations et en nous conformant à des normes sociales, ne risquons-nous pas de contrôler notre comportement à l'identique à l'intérieur du rêve? Tout comme dans la réalité, nos capacités inconscientes pourraient bien se retrouver enchaînées. Où se trouve le droit de notre inconscient à s'exprimer librement?

- **la modification du rêve :** en modifiant le contenu du rêve, nous allons satisfaire un désir de bien-être, ou celui d'être une divinité, mais nous allons supprimer des images fournies par notre inconscient.
  Un conflit intérieur va alors être transformé en image idyllique, nous ôtant toute possibilité d'approfondir et résoudre le conflit. Reprenons l'exemple du conflit.

Si notre inconscient nous permet de nous voir sous une forme à laquelle nous ne nous attendions pas, pourquoi irions-nous la changer? Le fait de nous transformer en toutes sortes de divinités fait également appel à un acte volontaire. Or notre inconscient, au départ, s'est bien gardé de nous dire « tu es une divinité ». D'ailleurs, si nous avons besoin de nous changer en divinité, c'est bien que nous avions été décrit différemment dans le rêve. Si notre inconscient nous dit : "Voilà! Tu es comme ça!... Essaie de comprendre pourquoi!", pourquoi chercherions-nous à prendre une autre apparence au risque de pervertir son message?

- **l'enseignement :** si nous disposons d'un guide intérieur, est-il vraiment nécessaire de donner un visage à ce guide? Et si nous pensons recevoir les enseignements de Guru Rinpoché, parce que c'est lui que nous sommes allés voir, comment avoir la preuve que c'est bien le vrai Rinpoché que nous avons rencontré?... Nous verrons ultérieurement que notre inconscient nous fournit toutes les images que nous désirons, et tous les enseignements dont nous avons besoin... et pour cela il est capable de nous produire exactement l'image (cf. Morphée) qui nous donnera envie de changer... ou nous forcera à changer. Dans ces conditions, que pouvons-nous attendre des transformations qu'impose notre rationalité à notre inconscient ?

- **le changement de lieu :** enfin, le rêve étant un monde d'illusions, est-on vraiment certain d'avoir changé de lieu, ou d'avoir rencontré la bonne personne? Tous les contrôles effectués après des rêves de ce type, lorsque des lieux étaient décrits avec précision, ont montré que le rêve ne coïncidait absolument pas avec la réalité.

- **l'intuition :** Il y a une façon très habituelle de rencontrer un être humain :"Bonjour ! Comment ça va ?" Et deux façons d'entendre la réponse qui dit : "ça va !"

- en acceptant ce que l'on a entendu, et en le traduisant par : "ça va bien!"
- ou en observant et en ressentant... que ça ne va pas !

La plupart du temps, nous nous contentons de ce que notre raison croit (ou veut) entendre : - "ça va bien!". Mais, bien que nous n'ayons pas été capable de saisir que notre vis-à-vis n'allait pas bien, nous l'avons "perçu" inconsciemment... La nuit, notre inconscient va alors nous projeter dans un monde où nous verrons cet autre tel que nous l'avons ressenti... Tel qu'il est!...

- **l'affrontement de la peur :** Il nous est dit que le rêve est une illusion. L'histoire du rêve est donc l'équivalent des images qui défilent sur un écran de cinéma ! Imaginons une personne qui hurle de peur face à un écran où est projeté un film d'épouvante... Après bien des efforts, elle prendra conscience qu'elle est au cinéma, devant des images, avec d'autres dont certains rient aux larmes devant le grotesque de la situation... Elle parviendra alors à cette « félicité-vacuité » mais... aura-t-elle appris à affronter la situation réelle?...

  La même question revient avec insistance : si notre inconscient nous met dans une situation où l'on est en passe d'être tué, faut-il l'en empêcher? Ou comprendre pourquoi?...Faut-il fuir? Ou aller jusqu'au bout de ce rêve? (dans nos cauchemars, lorsque nous nous réveillons, cela revient au même : nous avons empêché le rêve d'aller au bout de ce qu'il avait à dire). Si, dans le rêve, nous parvenons à la certitude qu'il n'y a plus de danger, cela ne signifie-t-il pas plutôt que la raison a définitivement contrôlé l'inconscient? Ce faisant, elle a effacé totalement la double fonction de l'inconscient : guider et corriger.

  Il y a deux façons habituelles d'obtenir la paix avec un territoire voisin : dans la journée, notre raison a pu occulter notre inconscient en élevant la barrière infranchissable des interdits; de même, dans le rêve, quand notre inconscient commence à s'exprimer, elle lui impose ses propres lois.

- **le contrôle :** si la raison contrôle le rêve, elle ne va pas laisser libre cours à l'intelligence propre à l'inconscient. Elle peut aller à l'encontre du caractère "enseignant spontané" qui appartient à la pensée du rêve. En raison de cette manipulation possible, le rêve pourrait bien être perverti...
  Des deux pensées coexistant à l'intérieur de nous-mêmes, une seule risque fort de l'emporter : notre raison qui avait déjà raison... et aura désormais définitivement raison ! En ce qui nous concerne, si la raison ne laisse pas libre cours à l'expression du rêve, le déroulement du rêve sera faussé, et l'analyse qui pourrait en découler n'aura plus de valeur. Comment un archéologue pourrait-il comprendre la vie de nos ancêtres s'il ne dispose que d'ossements ou d'objets extraits de leur contexte primitif?
  Toutefois, nous pouvons admettre que si l'on est capable de dépasser ses peurs et ses limites dans le rêve, il est probable que nous en serons capables dans la réalité, d'autant plus que le travail de transformation passe par la pratique quotidienne. En ce sens, la démarche rationnelle du bouddhisme tibétain est juste : la volonté peut transformer la situation, et apporter le calme.
  Le bouddhisme reconnaît la fonction initiatique du rêve, mais l'apprentissage est fait par le développement de la fonction rationnelle qui veut toujours tout contrôler... On obtiendra donc des "pouvoirs" dans le rêve, mais on n'obtiendra pas l'enseignement direct en provenance de notre inconscient. On va se contenter d'utiliser les connaissances précédemment acquises dans notre vie quotidienne pour contrôler ce qui pourrait surgir spontanément
  Ainsi, ce que nous appelons "prise de conscience", et qui n'est en fait qu'une analyse rationnelle de situation, n'a rien à voir avec ce qu'enseigne le rêve : à savoir la réaction juste et instinctive...
  Oui nous sommes bien là en face de deux réactions qui, quoique complémentaires, sont diamétralement opposées, et dont nous avons pu observer des exemples concrets durant la guerre du Vietnam. Là où un animal aurait fui, un bonze était capable de s'immoler par le feu!
  La "Félicité-Vacuité" qui est l'état mental de lâcher prise qui amène l'apaisement, peut conduire à la mort...

La fuite est la réaction de survie qui apporte la paix pour la vie.
Ainsi le bouddhisme, en tant que système philosophique, renferme-t-il une dynamique, mais en tant que spiritualité, il renferme également son talon

d'Achille en développant l'esprit au détriment de la spontanéité.

VIII- le XXème siècle

Ce siècle marque un tournant dans la culture occidentale : l'homme ne subit plus autant l'influence de la nature ou des dieux. Il a commencé à dominer les forces de la nature grâce à la nouvelle société industrielle, et il entend bien dominer les forces qui existent en lui et qu'il perçoit sans pouvoir les appréhender avec certitude. Il ne sait pas encore dans quelle direction se diriger, mais tous ses efforts tendent à accéder à une connaissance qui passe par soi, et qu'il n'entend nullement abandonner aux dieux, quels qu'ils soient.

La pensée occidentale rejoint alors la pensée bouddhiste. Tout ce dont nous n'avons pas conscience et que nous avions cherché à l'extérieur, nous allons désormais le chercher à l'intérieur de nous-même, en dehors de toute règle religieuse.

1- Sigmund Freud : (1856 – 1939 Médecin neurologiste fondateur de la psychanalyse)

A partir de sources extérieures comme celle que lui fournissait le livre d'Artemidore, Sigmund Freud entame ses propres recherches. Mais, tout en reprenant certaines idées d'Artemidore (désir), il abandonne la vision divinatrice de ce dernier. Il élimine également toute vision prophétique du rêve pour ne conserver que sa composante individuelle, et sa source, intérieure à l'être humain désormais : l'inconscient...

Le rêve ne relève donc plus de la magie, mais il possède un sens. Trois hypothèses lui permettent d'expliquer l'apparition des rêves :

- au départ il y a chez l'enfant les pulsions d'inceste et de meurtre par rapport à la mère et au père. Ces pulsions sont censurées et donc refoulées...
- ces désirs refoulés entraînent la mise en place d'une soupape de sécurité. Ne pouvant être exprimés dans le contexte social, ils le sont par l'entremise des rêves : le désir de réalisation est déplacé dans des réalisations fictives.
- mais le rêve n'est pas un mode d'expression simple : les images refoulées et censurées puisqu'elles ne peuvent être montrées, sont travesties pour pouvoir s'exprimer en toute sécurité.

Sa méthode d'analyse fait appel aux libres associations : partir d'un simple mot amène, par des mécanismes qui nous échappent, à exprimer d'autres mots. Nous arrivons ainsi à un mot qui peut être « signifiant » (chargé de sens) pour l'analysé.
Freud va donc avancer sur la base de rêves de patients et de rêves personnels, et utiliser ces libres associations pour accéder aux désirs refoulés Toutefois, il va se heurter à une difficulté majeure : toutes les associations semblent aboutir immanquablement à des associations personnelles "inavouables "... (N'oublions pas que cette époque est le siècle des tabous sexuels)
Alors, tout en citant ses propres rêves, il va être amené à cacher certains éléments, basant ainsi son interprétation sur des textes altérés... En fin de compte, Freud parvient toujours à interpréter les rêves, que ce soit ceux de ses patients avec tous les désirs infantiles et refoulés qu'il découvre chez eux, ou les siens avec tous les éléments qu'il ne révèle pas par pudeur.

L'évolution aurait-elle du temps à perdre à modifier la réalité, alors que la survie nécessite de s'y conformer exactement ? D'après Freud, le rêve ferait également appel aux déplacements, opération qui consiste à masquer ce qui présente un réel intérêt. Là encore, la même remarque s'impose : qu'apporte à la survie le fait de pervertir la réalité? Quelles remarques pourrait-on faire concernant cette méthode d'analyse ?

- Tout d'abord le rêve est lié à la façon dont le sujet vit les événements de la journée. Mais l'histoire en elle-même peut être reliée à n'importe quelle journée de la vie du patient, puisque le rêve découle obligatoirement de sa propre vie.
- La deuxième remarque remet en cause le mécanisme du déplacement qui présente un inconvénient majeur : c'est que l'on ne tient plus compte de ce qu'a décrit l'inconscient.
  Une fois que l'inventeur de la méthode a défini que tout ce qui est allongé et pointu est un sexe mâle, et tout ce qui est un contenant au sein du rêve correspond à un sexe féminin, l'ensemble des rêves est ramené à la problématique de l'époque et d'une certaine classe sociale, conséquence des interdits sexuels.

Pourquoi ce cerveau si complexe qu'il nous a accompagnés sans coup férir durant des millénaires d'évolution, s'encombrerait-il d'images inutiles ? C'est un peu comme si nos réflexes nous faisaient courir en zigzag ou en rond alors que le vent pousse un incendie de forêt dans notre direction... Quelles chances aurions-nous de nous en sortir ?

Le contenu visible du rêve s'avère différent du contenu latent. Seul serait donc pertinent le contenu latent du rêve, c'est-à-dire le contenu masqué. Quant à son contenu manifeste, il serait sans intérêt, puisqu'il n'est que l'aboutissement d'un déplacement.

Pour Freud, le rêve est donc à l'Image de l'homme, un système qui n'ose se montrer, et qui cache les pires habitudes de la conscience humaine. Non seulement il cache, mais en plus il ment en transformant ce qu'il montre... Notre inconscient ne serait donc pas plus capable de nous montrer la réalité, que nous ne sommes capables de la reconnaître!

- Enfin, les associations libres posent un problème : en partant d'un élément du rêve, par exemple un feu de cheminée, la succession d'associations qui peut en découler (feu, rouge, chaud, brûlé, mort) peut amener à oublier totalement le sens du feu pour ne s'intéresser qu'à la mort, en oubliant le rêve lui-même.

2- Alfred Adler : (1870 – 1937 médecin et psychothérapeute)

En 1911, A. Adler est le premier collaborateur de Freud à prendre son indépendance. Pour lui, il n'y a pas de sexualité infantile : le rêve part d'une autre base. Cette base est le sentiment d'infériorité. Et l'utilité du rêve est de compenser ce sentiment. Son analyse est donc très différente de celle de Freud : alors que ce dernier cherche dans les rêves les éléments d'un traumatisme initial, il oriente pour sa part sa recherche vers l'avenir.

Le rêve est donc un moyen d'orienter le rêveur vers une voie qui l'amènerait à la supériorité qui lui manque... Sa façon d'analyser est très représentative de sa propre vie. Il souligne qu'un individu peut exploiter au maximum ses capacités pour trouver une solution à ses difficultés : l'essentiel pour y parvenir est le courage.

Ainsi, si Freud analysait le passé individuel et expliquait l'état du sujet par son passé, la psychologie adlerienne s'intéresse davantage au but à atteindre. Ici, pas de sens moral, mais une affirmation de la personnalité individuelle face à la pression sociale.

3- Carl Gustav Jung : (1875 – 1961 médecin, psychiatre, psychologue)

C'est en 1912 qu'il se sépare à son tour de Freud. Son livre : "Métamorphoses et symboles de la Libido" scelle leur divorce. L'approche de Jung est radicalement différente de celle de son maître.

Pour lui le rêve n'est pas la réalisation d'un désir refoulé, mais l'expression de l'état psychique du rêveur : les images qu'expose l'inconscient constituent la meilleure façon qu'il a trouvée pour exprimer ce qu'il a à dire. Le rêve est alors revécu en analyse par le sujet avec sa conscience éveillée, bien plus qu'il n'est interprété.

Le rêve se contente d'exprimer naïvement ce qui est vécu intérieurement : il n'a pas besoin d'être décrypté, et les contenus "latent" et "manifeste" décrits par Freud n'ont donc pas de raison d'être. Si les rêves ne sont pas clairs, c'est tout simplement que notre rationalité est incapable de saisir le sens des images, et l'histoire qui nous est contée. Jung ouvre d'autre part l'inconscient individuel de Freud vers un inconscient collectif.
Le rêve n'est plus l'expression d'un désir, mais il compense une attitude trop unilatérale du sujet dans la réalité. De fait, il nous ouvre de nouveaux horizons tendant à élargir notre personnalité. Plutôt qu'un aspect infantile qui nous ramène toujours à un désir premier, l'inconscient recèle une force de changement et d'élargissement de la personnalité. Au moment où la conscience rationnelle ne trouve plus de solutions aux problèmes en cours, c'est l'inconscient qui va être porteur d'une nouvelle dynamique... Etre à l'écoute de ses rêves, c'est être à l'écoute d'une émergence créatrice à laquelle notre raison ne prêtait jusqu'ici pas attention : telle est la base du processus d'individuation (Processus de prise de conscience de l'individualité profonde).

4- Friedrich Perls : (1893 - 1970 psychanalyste, créateur de la Gestalt thérapie)

Par une approche originale, F Perls ne considère plus, dans le rêve, le rêveur face à son inconscient. Le rêveur n'est pas réduit au personnage qu'il incarne dans le rêve. Lors de l'analyse, il s'analysera donc aussi bien en tant que sujet, mais également en tant que chacun des éléments de son rêve qui sont, dit-il, des fragments de sa personnalité.. "Je suis le rêve et je suis chacun des éléments du rêve ", telle est sa façon de l'analyser.

Effectivement, reconnaître sans détours les éléments cachés de sa personnalité permet de se confronter à un ressenti qui serait plus difficilement abordable par la seule approche du langage.

En Gestalt thérapie, le rêve n'est pas raconté comme une histoire imaginaire appartenant au passé. Le rêveur va le revivre comme s'il se déroulait dans le présent.
Toutefois une étape pourrait manquer dans cette approche. En effet, tous ces éléments à l'intérieur du rêve ne sont pas vraiment nous, ils sont un potentiel intérieur en devenir : les aborder au présent néglige le temps nécessaire à leur intégration une fois la prise de conscience de ses possibilités intérieures réalisée.
Si l'on est face à un tigre, il est naturel de se reconnaître en tant que personnage humain qui ressent la peur. Mais ce n'est pas pour cela que l'on est soi-même un tigre : et c'est justement cela que dit le rêve! Il se contente de confronter le rêveur à son ressenti face au tigre! Au rêveur de reconnaître ce sentiment, et de savoir ce qu'il va en faire. Ce n'est que le jour où il sera devenu capable de se défendre "comme un tigre", le jour où il aura intégré le tigre dans ses capacités, qu'il pourra alors vraiment affirmer : "je suis le tigre "! Prendre conscience de ses capacités ne veut pas dire que l'on est capable de les exploiter.

Le songe du point de vue biblique

I- Le songe

1- Définition

Les termes « rêve » et « songe » sont généralement confondus. Si pour certains ils désignent des réalités différentes, pour d'autres ils constituent la même réalité.

Un songe est plus couramment utilisé pour les rêves qui ont un scénario plus long, plus structuré, qui a vraiment un sens pour vous aider à progresser dans la vie.

Les Égyptiens, Hébreux, Grecs ou Romain dans l'antiquité, employaient le mot « Songe » lorsqu'ils pensaient qu'un dieu était venu leur rendre visite dans la nuit et pour les autres ils utilisaient le mot rêve.

Le songe était traduit par **Oniros** d'où l'origine du mot **onirique.** On désigne ainsi l'onirologie qui est le nom scientifique de l'étude des rêves.

Dans l'Ancien Testament, nous trouvons trois mots hébreux et un mot araméen pour désigner le songe. Le premier mot est « chalowm». Il est utilisé cinquante-cinq fois et désigne le songe tel quel, ainsi que l'idée de songer. Remarquons que le même mot pouvait désigner aussi bien un rêve ordinaire qu'un songe prophétique.

Le deuxième mot est « chalam». Il est employé vingt-neuf fois pour traduire le songe, ou celui qui fait un songe ou encore un rêve. Il évoque également la force physique.
Le troisième mot est « shenah». Il apparaît vingt-trois fois pour désigner le sommeil, l'action de dormir ou de faire un songe.
Le mot araméen « chelem » se trouve dix-huit fois dans l'Ancien Testament et évoque également le songe.

Dans le Nouveau Testament, il existe seulement deux mots grecs qui parlent du songe dans le Nouveau Testament.

Le premier mot est « enupniazomai». Il se trouve deux fois, soit pour traduire le songe, soit pour traduire le rêve ou la rêverie.
Le second mot est « onar». Il signifie également le songe ou le rêve et se trouve six fois dans le Nouveau Testament.

Pour ce qui concerne l'expression « rêve », nous ne trouvons que quatre mots dans les Écritures qui évoquent le ou les « rêves ». Curieusement, il n'est jamais fait mention du verbe « rêver ».

Dans l'Ancien Testament, nous rencontrons un premier mot « chalam». Il revient vingt-neuf fois, mais n'est traduit que trois fois par « rêve ». Nous trouvons également le mot « hazah» qui est un hapax et qui traduit simplement la rêverie des hommes.

Dans le Nouveau Testament, nous découvrons le mot « leros» qui ne se rencontre qu'une seule fois et désigne la rêverie. Un second terme, « enupniazomai» (enupniazomai), apparaît deux fois. Il désigne le rêve, le songe, ainsi que la rêverie.

2- Objectifs

Les songes bibliques avaient plusieurs objectifs. Ils permettaient d'avertir, de protéger ou d'encourager un serviteur. Parfois ils étaient prémonitoires. Mais ce qui caractérise particulièrement les songes, c'est leur aspect prophétique. Ils pouvaient annoncer des évènements proches ou lointains. La preuve que ces songes provenaient réellement de Dieu, c'est qu'ils s'accomplissaient dans un temps plus ou moins proche. Citons donc :

- **L'avertissement:**

Pour sauver Abimélecde la mort, Dieu interviendra par un songe (Gen. 20 :3), afin de le délivrer de la supercherie d'Abraham« Alors Dieu apparut en songe à Abimélec pendant la nuit, et lui dit : voici, tu vas mourir à cause de la femme que tu as enlevée, car elle a un mari. » (Gen. 20 :3)

Après avoir servi Laban durant plusieurs années, Dieu demandera à Jacob de le quitter. Furieux à cause de son départ précipité, Laban le poursuivra aussitôt. Mais durant une nuit, le Seigneur lui apparaîtra en songe (Gen. 31 :24) en lui commandant de ne pas parler à Jacob ni en bien ni en mal. Par ce songe, l'Éternel préservera son serviteur du courroux de Laban.
« Mais Dieu apparut la nuit en songe à Laban, l'Araméen, et lui dit : garde-toi de parler à Jacob ni en bien ni en mal ! » (Gen. 31 :24)

- **L'encouragement :**

Gédéon, comme nous l'avons déjà vu plus haut, sera encouragé par un homme qui avait eu un songe (Jg. 7 :13 ; 7 :15) et l'interprétation de son ami. Ce songe lui donnera du courage et confortera sa mission à l'encontre de Madian.

« Lorsque Gédéon eut entendu le récit du songe et son explication, il se prosterna, revint au camp d'Israël, et dit : levez-vous, car l'Éternel a livré entre vos mains le camp de Madian. » (Jg. 7 :15)

- **La bénédiction :**

Lorsque Salomon devint roi, l'Éternel s'adressa à son serviteur durant la nuit par un songe (1 R. 3.5, 15). Le but était de demander à Salomon tout ce que son cœur désirait. Dieu voulait bénir le jeune roi et le combler de toutes ses richesses. Ainsi, le songe avait aussi pour vocation de bénir une personne.
« À Gabaon, l'Éternel apparut en songe à Salomon pendant la nuit, et Dieu lui dit : demande ce que tu veux que je te donne. » (1 R. 3 :5)

- **La prévention du danger :**

Dieu préviendra encore Joseph par le moyen d'un songe (Mt. 2.13), car le roi Hérode cherchait à faire tuer tous les enfants de deux ans et en dessous. Dieu protégera son Fils, afin qu'il poursuive la mission pour laquelle il avait quitté le ciel et la gloire.

« Lorsqu'ils furent partis, voici, un ange du Seigneur apparut en songe à Joseph, et dit : lève-toi, prends le petit enfant et sa mère, fuis en Égypte, et restes-y jusqu'à ce que je te parle ; car Hérode cherchera le petit enfant pour le faire périr. » (Mt. 2.13)
Nous avons déjà évoqué l'épisode que vivront les mages. Le songe (Mt. 2.12) qu'ils recevront de Dieu leur permettra de ne pas participer aux projets meurtriers d'Hérode à l'encontre du Roi des juifs. Une fois encore, Dieu gardera son Fils des ruses du diable.
« Puis, divinement avertis en songe de ne pas retourner vers Hérode, ils regagnèrent leur pays par un autre chemin. » (Mt. 2.12)

3- Origine

A en croire la Bible, les songes ont bien entendu plusieurs origines :

- **Origine satanique :**

Un songe peut être donné par le diable dans le but de nuire car Satan est méchant et destructeur. Il se délecte quand il arrive à communiquer le doute, la confusion et l'angoisse chez les croyants en particulier, et les Hommes en général ;

Dans ce cas-ci, une journée chargée peut être à l'origine de certains songes que nous pouvons avoir. Il nous arrive d'avoir des songes où nous revivons certains faits de la journée en faisant soit, les mêmes choses ou en déclarant les mêmes paroles que nous avions eu à dire durant une journée. Même si ce songe revêt un caractère spirituel, il peut néanmoins ne pas être d'origine divine mais le fruit de nos pensées ou des différentes activités que nous avons eu à faire pendant la journée.

- **Occupations quotidiennes :**

Deuxièmement, un songe peut avoir pour origine les multiples occupations de la journée ou nos propres pensées comme nous l'affirme Ecclésiaste 5 :2: « Car, si les songes naissent de la multitude des occupations, la voix de l'insensé se fait entendre dans la multitude des paroles. » .Il faut donc ne pas confondre nos rêves quotidiens qui naissent et s'évaporent au grès de nos journées de travail ou de loisirs, avec l'expérience dont nous parlons ici. Le songe biblique n'a rien à voir avec la banalité de nos rêves, aussi impressionnants soient-ils.

- **Origine divine :**

Dans le livre de Job, nous constatons que Dieu parle tantôt par des songes (Job 33 :15), tantôt par des visions nocturnes. Mais nous oublions souvent le verset qui suit, car Elihu, qui était l'auteur de cette réflexion, déclarait aussi que les songes avaient pour but d'avertir ou de donner des ordres à leurs destinataires. Un songe de Dieu n'était pas un pur hasard, mais avait un but.

« Il parle par des songes, par des visions nocturnes, quand les hommes sont livrés à un profond sommeil, quand ils sont endormis sur leur couche. Alors il leur donne des avertissements et met le sceau à ses instructions » (Job 33 :15-16).

Remarque : Comme le dit la Bible, les songes ordinaires étaient le produit des activités humaines qui se produisaient durant la nuit et le sommeil. Ils étaient décrits comme étant éphémères. Dans beaucoup de cas, ils n'avaient aucun sens ni aucune importance. Aussi, avoir un songe ne signifiait pas que Dieu avait forcément parlé.

Le songe qui procédait de Dieu avait toujours un objectif dont le but serait atteint. Il s'adressait aux destinataires avec une grande autorité et dans des circonstances particulières

4- Impacts

Les songes provoquaient un impact sur ceux qui les recevaient :

- **L'épouvante :**

Selon les différents témoignages bibliques, les songes (Job 7.14) effrayaient et épouvantaient leurs destinataires. Nous sommes loin des rêves ou les cauchemars que nous faisons durant notre nuit de sommeil.

« C'est alors que tu m'effraies par des songes, que tu m'épouvantes par des visions. » (Job 7.14)

- **L'agitation de l'esprit :**

Après avoir reçu un songe (Daniel 2 :1, 3), l'esprit de Nébucadnetsar sera agité. C'est dire l'impact que les songes pouvaient avoir sur l'homme. Ils ne semblaient pas que cette expérience fût agréable. De plus, le caractère énigmatique du songe semblait aussi vivement le troubler.

« Le roi leur dit : j'ai eu un songe; mon esprit est agité, et je voudrais connaître ce songe. » (Daniel 2 :3)

5- Explications

La Bible déclare que les songes avaient besoin d'explication, car plusieurs des destinataires ne comprenaient pas ce qu'ils venaient d'expérimenter. C'est pourquoi nous allons chercher à savoir qui pouvait expliquer les songes, et qui avait la mission de les transmettre.

En parcourant les différentes expériences des personnes qui avaient reçu un songe (Genèse 40 :5-9), nous constatons qu'ils avaient besoin d'une véritable explication. Dans la plupart des cas, il était impossible de les expliquer soi-même.

« Pendant une même nuit, l'échanson et le panetier du roi d'Égypte, qui étaient enfermés dans la prison, eurent tous les deux un songe, chacun le sien, pouvant recevoir une explication distincte. » (Genèse 40 :5)

En étudiant les Écritures, nous comprenons que les explications des songes (Genèse 40.8) n'appartenaient qu'à Dieu. Comme il en était la source, lui seul savait ce qu'il voulait communiquer à ses serviteurs.

« Ils lui répondirent : nous avons eu un songe, et il n'y a personne pour l'expliquer. Joseph leur dit : n'est-ce pas à Dieu qu'appartiennent les explications ? Racontez-moi donc votre songe. » (Genèse 40 :8)

Dieu était également le seul qui pouvait révéler les secrets contenus dans les songes (Daniel 2 :28).

« Mais il y a dans les cieux un Dieu qui révèle les secrets, et qui a fait connaître au roi Nebucadnetsar ce qui arrivera dans la suite des temps. Voici ton songe [02493] et les visions que tu as eues sur ta couche. » (Daniel 2 :28)
Mais parfois le Seigneur refusait manifestement de répondre par songes (1 Samuel 28 :6, 15), comme ce fut le cas pour le roi Saül, à cause de ses nombreux péchés.
« Saül consulta l'Éternel ; et l'Éternel ne lui répondit point, ni par des songes, ni par l'urim, ni par les prophètes. » (1 Samuel28 :6)

Aussi, DIEU accorde à certains hommes la capacité d'interpréter des songes. Les songes qui venaient réellement de Dieu avaient besoin bien souvent d'une interprétation. Dieu était le seul à connaître les secrets des songes, puisque c'est lui qui les envoyait. Dans les Écritures, nous ne trouvons que Joseph et Daniel qui avaient reçu la faculté de comprendre et d'interpréter les songes. Mais selon leur propre terme, cette aptitude ne venait que de l'Éternel et non pas d'une compétence personnelle. Dieu seul les qualifiait en temps et en heure. Il avait permis à Joseph de pouvoir expliquer des songes lorsqu'il se trouva à la cour de Pharaon (Genèse 40 :16). Cela n'était en rien une faculté personnelle. Cette capacité était totalement dépendante de Dieu et propre à une situation. « Le chef des panetiers, voyant que Joseph avait donné une explication favorable, dit : voici, il y avait aussi, dans mon songe, trois corbeilles de pain blanc sur ma tête. » (Genèse 40 :16)

Cette même faculté avait été accordée à Daniel. Curieusement ses compagnons de captivité en étaient privés. Dieu donnera en plus à Daniel le pouvoir de deviner le songe (Daniel 1 :17 ; Daniel 2 :26, 36) du roi, sans même en avoir entendu le contenu (Daniel 2 :26-28).

« Dieu accorda à ces quatre jeunes gens de la science, de l'intelligence dans toutes les lettres, et de la sagesse ; et Daniel expliquait toutes les visions et tous les songes. » (Daniel 1 :17)
« Dieu accorda à ces quatre jeunes gens de la science, de l'intelligence dans toutes les lettres, et de la sagesse ; et Daniel expliquait toutes les visions et tous les songes. » (Daniel 2 :26)

II- Le côté négatif des songes

Si Dieu communiquait parfois par des songes, il dénonçait aussi ceux qui prétendaient en recevoir de sa part. Ainsi, nous découvrons dans la Bible qu'il existait des fabulateurs dont les songes n'étaient pas agréés par le Seigneur et dont la nature mauvaise détournait allègrement le peuple de son Dieu.

1- Des faux songeurs

La Bible démontre que l'Éternel avertissait solennellement ceux qui prétendaient faussement recevoir de lui des songes. Dans certains cas, les faux songeurs (Deutéronome 13 :1-5) servaient de test pour de découvrir si le peuple voulait obéir à l'Éternel, ou s'il se plaisait à accepter les mensonges de ces charlatans.

« S'il s'élève au milieu de toi un prophète ou un songeur qui t'annonce un signe ou un prodige » (Deutéronome 13 :1)

La Bible avertit qu'il ne faut pas prendre garde aux paroles de ces mauvais songeurs (Deutéronome 13 :1, 3, 5 ; Jér. 23 :25 ; 29 :8), car leur objectif était de se révolter contre Dieu. Pour cela, ils risquaient la peine de mort.

Si l'on doit être prudent avec ce genre de personnes, et hélas il en existe de plus en plus aujourd'hui, soyons aussi prudents avec nos propres expériences.

« Ce prophète ou ce songeur sera puni de mort, car il a parlé de révolte contre l'Éternel, votre Dieu, qui vous a fait sortir du pays d'Égypte et vous a délivrés de la maison de servitude, et il a voulu te détourner de la voie dans laquelle l'Éternel, ton Dieu, t'a ordonné de marcher. Tu ôteras ainsi le mal du milieu de toi. » (Deutéronome 13 :5)

Dans l'épître de Jude, nous découvrons des hommes sans respect pour les autorités, et qui se laissaient entraîner par leurs rêveries/songes (Jude 1 :8). Leur façon d'agir n'était pas agréée par Dieu, car leurs ambitions nourrissaient la chair.

« Malgré cela, ces hommes aussi, entraînés par leurs rêveries, souillent pareillement leur chair, méprisent l'autorité et injurient les gloires. » (Jude 1 :8)

2- Danger et nature des mauvais songes

Les songes (Jérémie 23 :27-32 ; 29 :8), dont le contenu était mensonger, avait pour conséquence de détourner le peuple de Dieu, au point même de l'oublier complètement. C'est dire le captieux impact et le danger réel de tels songes, et cela même sur les croyants !« Ils pensent faire oublier mon nom à mon peuple par les songes que chacun d'eux raconte à son prochain, comme leurs pères ont oublié mon nom pour Baal. » (Jérémie 23 :27)

Les songes (Jérémie 23 :32) qui n'avaient pas une origine divine étaient condamnés par Dieu. Non seulement ils ne servaient à rien, mais en plus ils détournaient délibérément le peuple de la volonté de Dieu. Il existait donc des songes sans intérêt et néfastes pour ceux qui les écoutaient. « Voici, dit l'Éternel, j'en veux à ceux qui prophétisent des songes faux, qui les racontent, et qui égarent mon peuple par leurs mensonges et par leur témérité ; je ne les ai point envoyés, je ne leur ai point donné d'ordre, et ils ne sont d'aucune utilité à ce peuple, dit l'Eternel. » (Jérémie 23 :32)

L'ecclésiaste rappelle que les mauvais songes (Ecclésiaste 5 :7) étaient également considérés comme une vanité. En somme, ils ne servaient à rien si la source n'était pas divine, tout comme nos rêves quotidiens qui ne sont que le produit de nos activités.

« Car, s'il y a des vanités dans la multitude des songes, il y en a aussi dans beaucoup de paroles ; c'est pourquoi, crains Dieu. » (Ecclésiaste 5 :7)

Les songes (Zacharie 10 :2) d'origine douteuse avaient une mauvaise influence à cause de leur aspect mensonger et de la fausse consolation qu'ils apportaient au peuple. Une fois encore la Bible déclare qu'il existait des songes qui n'avaient aucune importance,vu la vanité de leur contenu. Les songes n'étaient pas obligatoirement le fait de Dieu.

« Car les théraphim ont des paroles de néant, les devins prophétisent des faussetés, les songes mentent et consolent par la vanité. C'est pourquoi ils sont errants comme un troupeau, ils sont malheureux parce qu'il n'y a point de pasteur. » (Zacharie10 :2)

Les songes qui ne venaient pas de Dieu étaient aussi comparés à des actes d'astrologues. En l'occurrence, ces songes (Jérémie 27 :9) fallacieux avaient des origines occultes et servaient le diable plutôt que Dieu. Une fois encore, comprenons combien il faut être prudent avec ces personnes qui prétendent parler de Dieu, et qui finalement servent son ennemi sans le savoir. « Et vous, n'écoutez pas vos prophètes, vos devins, vos songeurs, vos astrologues, vos magiciens, qui vous disent : vous ne serez point asservis au roi de Babylone ! » (Jérémie 27 :9)

LES ATTAQUES SATANIQUES DANS LES SONGES :

Lorsqu'un individu est couché et s'endort, il peut être victime des attaques d'origine démoniaque. Ils sont nombreux qui nient ou remettent en doute l'existence de cette personne maléfique qu'est le diable. L'un des plus grands mensonges qu'il fait justement passer à l'humanité est qu'il n'existe pas.

I- La personne de Satan

Dieu dans les temps anciens créa un ange de lumière dit « Lucifer ». Dans Ézéchiel 28 : 12-19, il est dit de lui : « Tu mettais le sceau à la perfection, tu étais plein de sagesse, parfait en beauté... tu étais un chérubin protecteur, aux ailes déployées; je t'avais placé... tu as été intègre dans tes voies, depuis le jour où tu fus créé ».

Cela ne ressemble en rien à l'image typique que de nombreuses personnes se font de Satan. Il s'avère que c'était un chérubin aux ailes déployées. Il était assis au ciel dans le plus haut rang, et occupait une position élevée. Il fut créé par Dieu dans un état de beauté.

Mais Satan a détourné son regard de son Créateur et a commencé à admirer la création, autrement dit lui-même. « Tu as corrompu ta sagesse par ton éclat. » (Ézéchiel 28 : 17). Il est devenu orgueilleux et s'est glorifié lui-même, et ainsi est né en lui un désir de régner. Il a souhaité usurper la place de Dieu. Il a murmuré des mensonges jusqu'à ce qu'il ait un tiers des armées du ciel à ses côtés. « Te voilà tombé du ciel, Astre brillant, fils de l'aurore ! Tu es abattu à terre, Toi, le vainqueur des nations ! Tu disais en ton cœur : Je monterai au ciel, J'élèverai mon trône au-dessus des étoiles de Dieu; Je m'assiérai sur la montagne de l'assemblée...je monterai sur le sommet des nues, Je serai semblable au Très Haut. » (Ésaïe 14 :12-15).

Le problème a commencé avec ce **« Je serai »**. Satan s'est détourné de la voix de Dieu et a commencé à rechercher sa propre volonté. Placer notre volonté au-dessus de celle de Dieu revient à insinuer que sa volonté n'est pas parfaite. Lorsque Satan a dit « je serai », le péché est apparu. Dieu se qualifie lui-même en disant « JE SUIS » (Exode 3 : 14). Il n'attribue ce nom à personne d'autre. Celui qui veut devenir quelque chose par lui-même entre alors en conflit avec Dieu, et il est exclu.

Lorsque Satan a dit « je serai », le péché est apparu. « Et il y eut guerre dans le ciel. Michel et ses anges combattirent contre le dragon. Et le dragon et ses anges combattirent, mais ils ne furent pas les plus forts, et leur place ne fut plus trouvée dans le ciel. Et il fut précipité, le grand dragon, le serpent ancien, appelé le diable et Satan, celui qui séduit toute la terre, il fut précipité sur la terre, et ses anges furent précipités avec lui. » (Apocalypse 12 : 7-9)

Satan fut alors précipité hors du ciel, et personne ne peut à présent remettre en question l'immense bonté, la sagesse et l'amour de Dieu. Il faut prouver que la volonté de Dieu est la seule voie bonne et parfaite. Satan domine sur le monde et son but ultime est de s'élever au rang de Dieu sur la terre. Jésus appelle Satan le « prince de ce monde » (Jean 12, 31). L'apôtre Paul l'appelle « le dieu de ce siècle » (2 Corinthiens 4, 4). Le plan de Dieu est d'apporter la preuve définitive que le péché est une tromperie. Il doit être prouvé que, sans l'ombre d'un doute, le chemin de Satan n'amène qu'à la mort et à la destruction. La majorité des gens ne sont pas conscients qu'ils sont « sous la puissance du malin ». (1 Jean 5 : 19). Satan utilise leur orgueil inné pour qu'ils deviennent imbus d'eux-mêmes et de leur grandeur, et cela a affecté tous les aspects de l'humanité. Son but est d'amener les hommes à être tellement confiants en leurs capacités humaines qu'ils excluent tout besoin de Dieu. Ce qui l'intéresse n'est pas tellement de rendre le monde mauvais, il veut seulement amener tout le monde à vivre sous sa domination. Il murmure constamment des mensonges à toutes les oreilles, en semant des sentiments d'orgueil et de doute, de la même manière qu'il l'avait fait dans le ciel.

Cependant, Dieu ne cesse d'étendre sa main pour empêcher Satan d'accomplir entièrement son projet. Il a envoyé Jésus pour ouvrir un nouveau chemin que l'humanité puisse suivre. Sur la terre, il y a des hommes qui ont renoncé à leur propre volonté pour suivre Jésus, et qui ont foi dans le plan parfait de Dieu. Ces âmes fidèles forment l'Assemblée de Dieu. Ce groupe est comme une écharde pour Satan. Il travaille pour amener le doute, l'orgueil, la division, et tout ce qu'il peut pour détourner les cœurs de Dieu. « Soyez sobres, veillez. Votre adversaire, le diable, rôde comme un lion rugissant, cherchant qui il dévorera » (1 Pierre 5, 8). Il cherche avec fureur, il veut avoir le contrôle complet sur cette terre, et il attaque autant qu'il peut pour réaliser ses projets. Mais pour tous ceux dont le cœur est pour Dieu, il est possible de lui résister.

« Au reste, fortifiez-vous dans le Seigneur, et par sa force toute-puissante (...) C'est pourquoi, prenez toutes les armes de Dieu, afin de pouvoir résister dans le mauvais jour, et tenir ferme après avoir tout surmonté. » (Éphésiens 6, 10-17).

Ceux-là sont ceux qui prouvent par leur foi que la voie de Dieu est parfaite.

Grâce à cette puissance qui est disponible, il y a des personnes qui résistent à la tromperie de Satan sur la terre, en luttant contre le péché et en étant des lumières dans ce monde sombre et mauvais. Ceux-là sont ceux qui prouvent par leur foi que la voie de Dieu est parfaite, tandis que le reste de l'humanité prouve que la voie de Satan, ce « je serai » orgueilleux, n'amène qu'à la destruction. Quand ce monde aura dépéri, ce sera la volonté de Dieu qui régnera pour toute l'éternité, et Satan, le grand trompeur, sera pour finir jeté dans l'étang de feu et de soufre pour toute l'éternité. (Apocalypse 20 :10)

II- Les différents types d'attaques nocturnes

Durant le sommeil, Satan et ses démons utilisent plusieurs types d'attaques pour nuire aux humains

1- Les couches de nuit

Des milliers de personnes en sont victimes de temps à autre sur toute la planète. On parle de couche de nuit lorsque durant votre sommeil, vous êtes victimes d'un rapport sexuel avec un esprit malfaisant.

Déjà, il y a plusieurs siècles, les théologiens évoquaient les termes d'« incube» pour désigner un démon revêtant un corps mâle pour abuser sexuellement d'une femme endormie et de « succube » pour un démon revêtant la forme d'une femme pour séduire un homme durant son sommeil et ses rêves.

On peut parfois le prendre à la légère mais ce genre d'attaque peut avoir de grandes conséquences pour la victime. DIEU a conçu le rapport sexuel pour un homme et une femme légalement mariés et non pour un être humain et un démon ! (Genèse 2 :24). Les rapports sexuels dans les rêves peuvent vous créer de grands dommages :

- « mariage » spirituel à des démons (on dit vulgairement « maris et femmes de nuit »)
- Dommages physiques (stérilité, fausses couches)
- Célibat
- Divorces ou conflits de couple
- Fatigues physique et psychique
- Etc.

Plusieurs attitudes peuvent être des portes ouvertes pour les démons de nuit. On peut citer entre autre :

- La masturbation solitaire : cette pratique malsaine ouvre la porte aux démons par la visualisation qui caractérise sa pratique. DIEU a dit « Il n'est pas bon que l'homme soit seul » (Genèse 2 :18). L'homme n'est pas créé pour se satisfaire tout seul sexuellement parlant. Les fantasmes inhérents à l'acte masturbatoire sont des invitations aux démons de nuit.
- Les films et images pornographiques : DIEU hait l'impudicité sous toutes ses formes (Ephésiens 5 :18). L'un des dangers de ces films et images est de créer en l'esprit de l'homme des pensées obscurcies qui sont des points de repère du diable et de ses démons.
- L'habillement indécent : les premières personnes à s'habiller indécemment furent nos parents Adam et Eve juste après leur chute dans le jardin d'Eden ; DIEU rectifia le tir en leur fabriquant des vêtements décents et convenables (Genèse 3 :7,21). La tenue ou vêtement indécent que nous portons est une invitation aux démons maléfiques pour nous visiter durant notre sommeil. Le but du vêtement est de cacher la nudité et non d'aiguiser le désir sexuel de son prochain.
- Les tatouages : qu'ils sont nombreux à en posséder de nos jours ! Le tatouage a été dès les temps reculés un signe devant identifier ou marquer des esclaves. Les tatouages sont sous le contrôle des divinités sataniques. Lorsque vous vous tatouez, vous êtes identifiables et repérables durant votre sommeil par les esprits méchants.

2- Les poisons de nuit

On parle de Poison de nuit lorsqu'un individu consomme dans un rêve une nourriture maléfique qui nuira tôt ou tard à la victime. On peut avoir alors à faire à un poison lent ou un poison rapide. L'expression « nuit » vient du fait que c'est une chose qui a lieu dans le monde spirituel. Donc vous pouvez être victime d'un poison de nuit que vous dormiez de jour ou de nuit.

Rappelons que ce n'est pas tous les rêves où nous mangeons qui sont forcément des mauvais rêves. Ne tombons pas dans une psychose inutile ! Les poisons de nuit sont généralement très frappants et dès notre réveil, nous avons la sensation d'avoir réellement mangé.

Il y a quelques années, une dame me rencontre et m'avoue être victime depuis plus d'une dizaine d'années d'une telle attaque : chaque fois qu'elle s'endormait la nuit, elle voyait apparaître un homme qui lui donnait à manger via une cuillère. Elle en était traumatisée et chaque nuit jour après jour le même scénario se répéta et ce pendant plus de 10 ans. Après notre conversation, DIEU m'inspira et j'allai chez elle et je fis une prière stratégique. Le lendemain, quelle était sa joie, le Grand JESUS l'avait délivré et pour la première fois, elle connut une nuit paisible et sa vie en fut bénie. Aucun démon ne peut résister à la présence du Seigneur JESUS !

Les poisons de nuit peuvent avoir de grandes conséquences, notamment :

- Des maladies atroces devant vous tuer à petit feu et lentement
- Des maladies invisibles lors des check up ou scanners à l'hôpital
- Des blocages financiers ou liés à votre carrière
- Des destructions de vos organes internes
- Des troubles physiques et psychiques
- Etc.

3- Des sorts de nuit

Les rêves sont parfois des moments privilégiés pour les mauvais esprits en vue de lancer des mauvais sorts devant affecter et détruire les destinées des victimes. Méfiez-vous des rêves de cette catégorie. Il peut souvent s'agir par exemple des scènes tristes tels que :

- Voir des personnages décédés
- Se voir nu ou avec des vêtements déchirés
- Se voir dans la pauvreté et la tristesse
- Se voir pauvre ou perdre de l'argent
- Se voir poursuivre ou mordre par des animaux
- Se voir dans des pleurs
- se voir mort
- se voir divorcé
- se voir noyé
- se voir échouer des examens ou des entretiens d'embauche
- se retrouver dans son ancienne école ou université mais en classe inférieure

- se voir lié ou enfermé
- Etc.

En fait, ces rêves sont des messages ou des sorts lancés par des esprits maléfiques qui veilleront à leur réalisation dans un futur plus ou moins proche.

4- Les paralysies de nuit

Lors de ce type d'attaque, la victime est immobilisée par l'entité satanique durant son sommeil. La personne attaquée essayera de crier ou de se débattre sans succès. Elle sentira une puissance l'immobiliser et l'empêcher d'effectuer tout mouvement.

La paralysie de nuit est très dangereuse car durant le temps où la victime est immobilisée et paralysée par le démon, plusieurs actions maléfiques peuvent être faites sur sa personne. A votre réveil, vous risquez n'être plus la même personne, le démon vous ayant affecté spirituellement ou physiquement.

III- Opportunismes sataniques

Satan et sa horde n'attaquent pas n'importe comment durant les rêves. Ils sont assez opportunistes et cherchent des portes d'entrées. Plusieurs circonstances ou situations peuvent favoriser les attaques démoniaques lors des songes.

1- L'esprit perméable :

Dans le monde spirituel, il y a des personnes possédant des esprits dits « perméables ». Il s'agit des êtres humains qui durant leur sommeil sont facilement exposés à toute intrusion et attaque démoniaque durant leur sommeil.

Le Grand JESUS considérait la mort comme un sommeil. Le Fils de DIEU vit juste car lorsque nous dormons nous sommes presque comparables à des morts. Si lors de la mort, notre esprit quitte le corps physique, sachez que lors du sommeil également, notre esprit est en action. Plusieurs adeptes des ordres ésotériques savent cette vérité et sont souvent initiés à des pratiques relevant du monde onirique.

Durant le sommeil, les hommes dont les esprits sont perméables sont une cible prisée des démons et mauvais esprits qui peuvent les atteindre à leur guise. Ils peuvent leur jeter des mauvais sorts, les troubler par des couches de nuit, les empoisonner mystiquement ou commettre des vices inimaginables. DIEU dans la Bible dit cette vérité extraordinaire : « L'ange de l'Eternel campe autour de ceux qui le craignent, et il les arrache au danger » (Ps 34 :8). Quand un véritable enfant de DIEU s'endort, il est sous très haute protection : « Je me couche et je m'endors en paix, car toi seul, ô Eternel ! Tu me donnes la sécurité dans ma demeure » (Ps 4 :9). Paroles étranges d'un jeune guerrier devenu roi ! Alors que tous les rois anciens et dirigeants modernes comptent sur leur garde rapprochée, David savait que seule la protection de DIEU est largement suffisante et efficace. Seul DIEU qui est Esprit peut véritablement vous protéger des attaques des esprits.

Chaque enfant qui naît dans ce monde est pourvu d'un esprit perméable en raison du péché originel lié à nos premiers parents Adam et Eve ; ceci dit, nous naissons tous pécheurs (Romains 3 :23). Puisque le salaire du péché étant la mort, nous héritons tous d'un esprit perméable à Satan. De plus, les péchés que nous commettons rendent davantage perméable nos esprits. On peut citer :

- Le vol
- Le mensonge
- Les rapports sexuels hors mariage
- La masturbation
- La pornographie
- L'inceste
- La fréquentation des boîtes de nuit
- L'astrologie
- La magie
- Les cultes des ancêtres
- Les jalousies
- Les meurtres
- Les avortements
- Les calomnies
- La fraude

- La violence (physique, psychique, etc.)
- Etc.

Le Fils de DIEU nous révèle plusieurs péchés souillant notre être (Marc 7 :21-23)

Chacun de nous en lisant les péchés cités plus haut se reconnaitra dans un ou plusieurs de ces péchés mentionnés. Nos cœurs sont tortueux et mauvais dès notre naissance. Satan le sait et il en trouve une grande opportunité pour attaquer durant notre sommeil.

N'oubliez jamais que durant le sommeil, de grandes choses peuvent s'opérer. C'est durant le sommeil d'Adam que DIEU lui fit une femme. Le sommeil peut influencer sur ta destinée. Dieu lui retira une côte à son insu (Gen 2 :22). Plusieurs ne savent pas que des « choses » peuvent leur être retirées durant leur sommeil. Ton futur mariage, ta future richesses ou belle destinée peuvent t'être « retirés » durant ton sommeil. Combien de vies ou de carrières ont-elles été brisées et réduites à néant durant le sommeil !!!

Toute personne qui existe sur terre et qui n'a pas confié son existence entre les mains du Roi JESUS est « spirituellement morte » et possède ainsi un esprit perméable (Ephésiens 2 :1). JESUS savait de quoi Il parlait lorsqu'Il disait à Nicodème que tout Homme doit « naître de nouveau » (Jean 3 :3). Cette nouvelle naissance qui passe par une repentance sincère régénère l'esprit de quiconque s'y soumet. Une personne régénérée possède dès lors un esprit habité et protégé par le SAINT-ESPRIT de DIEU.

Ceci dit, les chrétiens authentiques sont-ils épargnés des attaques nocturnes ? Loin de là ! Un enfant de DIEU peut aussi être bien attaqué ou oppressé si DIEU le permet mais la différence avec un non-croyant réside dans le fait que le diable n'a pas de pouvoir sur l'esprit d'un véritable croyant ce qui n'est pas le cas du non-croyant. L'attaque à l'endroit d'un chrétien qui dort concoure à son bien or l'attaque sur un non croyant est un pas vers sa perte et destruction (Romains 8 :28).

Plusieurs fausses idées et superstitions ont été émises pour soi-disant aider les gens à se protéger lors de leur sommeil. Ces conseils sont parfois fantaisistes. Nous pouvons citer :

- Se coucher sur le ventre et non sur le dos
- Ne pas se regarder dans un miroir la nuit
- Réciter certaines formules incantatoires dites « stratégiques » avant de s'endormir
- Garder certaines amulettes ou gris-gris sous son lit
- Dormir aves des bougies ou cierges allumés
- Etc.

Sachez chers amis que Satan ne respecte ni ne craint personne si ce n'est DIEU. Dormez sur le ventre ou sur la tête et cela ne l'empêchera jamais de vous nuire. La protection n'est pas une affaire de position mais de relation. Si vous êtes en relation avec JESUS, alors votre esprit cessera d'être perméable. La Bible dit que les démons savent que DIEU existe et ils en « tremblent » (Jacques2 :19). Oui, au « nom de JESUS, tout genou fléchit dans les cieux, sur la terre et sous la terre » (Philippiens2 :10).

Il ne s'agit pas ici d'être né dans une famille chrétienne ou de fréquenter une église. Il est question de naître de nouveau, de passer par le processus d'une repentance sincère et d'avoir JESUS pour Seigneur et Sauveur personnel. Pendant que vous lisez ce livre que DIEU a placé entre vos mains, vous pouvez très rapidement sécuriser votre esprit durant les nuits en invoquant le Seigneur JESUS. Demandez pardon à Dieu pour tous vos péchés et Il vous pardonnera si vous êtes sincères. D'ailleurs il est dit : « Si nous confessons nos péchés, Il est fidèle et juste pour les pardonner, et pour nous purifier de toute iniquité » (1Jean1 :9). Puis invitez le Seigneur JESUS à entrer dans votre cœur. IL est mort à la croix pour vous et son sang est d'une valeur éternelle. Tous les démons réunis ne sauraient résister à une seule goutte de ce sang divin !

2- L'environnement

Par environnement, nous entendons le lieu où sommeille la victime. Retenez que le lieu où nous dormons peut être une opportunité pour les rêves d'origine spirituelle. La Bible nous révèle cette vérité. Le patriarche Jacob lors d'un voyage s'endormit un jour dans un lieu et DIEU se manifesta dans son songe. A son réveil, il dit : « (...) ce lieu est redoutable ! C'est ici la maison de Dieu, c'est ici la porte des cieux ! » (Genèse 28 :17). Il existe lieu et lieu. Le patriarche ne savait pas qu'en ce lieu il yavait une échelle spirituelle d'où montaient et descendaient des anges. Cela est pareil pour le monde de la sorcellerie. En journée vous pouvez voir un dépôt d'ordures dans votre voisinage mais la nuit si on vous révèle que c'est un lieu où il y a des grattes ciel et où de nombreux sorciers et démons se rassemblent, vous n'y croirez peut-être pas. Imaginez donc le danger de se retrouver dans un tel lieu ou de sommeiller la nuit là-bas.

DIEU connaissant toutes choses demandait à ses enfants de ne pas avoir dans leurs maisons des objets dévoués par interdit. La présence des choses dévouées par interdit appellent ipso facto des démons dans vos demeures. DIEU dit : « Tu n'introduiras point une chose abominable dans ta maison, afin que tu ne sois pas, comme cette chose, dévoué par interdit ; tu l'auras en horreur, tu l'auras en abomination, car c'est une chose dévouée par interdit » (Deutéronome 7 :26). Le diable connait cette révélation et pousse donc les gens à avoir chez eux des objets de malédiction comme :

- Des livres impurs (magie, astrologie, pornographie...)
- Des cigarettes
- Des films, revues et images pornographiques
- Des objets volés
- Des objets empruntés et non remis volontairement
- Des statues d'origine démoniaque
- Des livres de prières anti-chrétiennes
- Des ouvrages de sectes sataniques et ésotériques (rose-croix, franc maçonnerie, etc.)
- Des parfums et huiles soi-disant de protection
- Des amulettes magiques
- Des bougies magiques
- Des bagues mystiques
- Etc.

Chers amis, séparez-vous-en !! Imitez ces convertis grecs d'Ephèse qui acceptant la vérité du CHRIST brûlèrent tous leurs livres de magie (Actes 19 :18-20).

Dormez dans un environnement sain et vous éviterez plusieurs dangers liés aux rêves maléfiques. Ne donnez pas des arguments au diable pour pouvoir accéder en toute tranquillitéà votre intimité. DIEU désire une maison exempte d'objets interdits.

3- Les points de repère

Il existe dans le monde spirituel des points dits de « repère ». Les sorciers en savourent durant leurs journées. Ils vous mettent en présence de tels points pour pouvoir déchaîner la nuit des démons contre vous via des incantations.

Vous verrez certains satanistes offrir de grands cadeaux à leurs proies. Ils peuvent par exemple offrir à une jeune fille des sous-vêtements ou des bijoux luxueux. Une fois que cette dernière dans sa naïveté et son cœur tortueux porte ces objets et les fait entrer chez elle, elle devient localisable durant son sommeil où qu'elle se trouve dans le monde. Mes chers amis, l'amour n'est pas un jeu d'escroquerie. Gare aux gigolos et aux amours intéressés ! Jeunes filles, évitez d'entretenir des rapports obscurs avec des hommes mariés. DIEU est opposé à cela. Si un sorcier couche avec vous, lors du rapport, il pourra émettre des formules incantatoires et vos rêves pourraient être visités par des démons pour vous nuire. Ne couchez avec personne si ce n'est votre conjoint légal devant DIEU.

En Afrique de l'ouest par exemple, la simple salive est un puissant instrument d'envoûtement entre les mains de certains sorciers lorsqu'ils embrasseraient leurs proies.

Il existe aussi une pratique -en Afrique subsaharienne consistant à faire des scarifications sur son corps en vue de se protéger des attaques de sorcellerie. C'est un leurre ! DIEU interdisait depuis longtemps de telles pratiques sataniques : « Vous ne ferez point d'incisions dans votre chair (...) » (Lévitique 19 :28). Ces scarifications dits « blindages » sont des alliances de sang avec le diable. Toute puissante alliance exige du sang. Ces scarifications deviennent ainsi des points de repère pour les démons du sommeil. Si tu as été scarifié, il n'est pas tard : demande au Seigneur JESUS de te libérer de ses effets spirituels nocifs.

Dans certains milieux ésotériques, on vous initiera en vous donnant une bague ou une chaîne mystique. Ces objets serviront de point de repère quand vous dormirez. Renoncez à ces sectes car vous êtes déjà sous contrôle. Ne craignez pas les représailles car celui qui a créé le ciel et la terre est infiniment plus puissant que toutes les hordes infernales. Repentez-vous auprès de JESUS et débarrassez-vous de ces objets de contrôle et d'esclavage.

IV- Victoires sur les mauvais rêves

La victoire est possible lors d'attaques liés à nos rêves. Ne soyez pas passifs si vous faites un rêve et en êtes convaincus que celui-ci est une attaque démoniaque. Le monde spirituel se fiche des passifs !

Certains personnes sont parfois tellement passives qu'à leur réveil, elles vaquent à leurs occupations comme si de rien n'était alors qu'elles ont été victimes des attaques durant leurs rêves. Vous pouvez être attaqué en une nuit or votre destruction est prévue pour 5 ans plus tard. Le diable connaît et aime utiliser le poison lent.

Déjà, il est évident qu'un réel enfant de Dieu ne dort pas la nuit sans remettre son sommeil entre les mains de DIEU. Demandez sa protection lorsque vous prenez la direction du lit.

Analysons maintenant un passage biblique nous montrant comment les démons opèrent durant les nuits. Le Psaume 59 nous donne un petit aperçu des œuvres démoniaques durant les nuits : « Ils reviennent chaque soir, ils hurlent comme des chiens, ils font le tour de la ville. Ils errent çà et là, cherchant leur nourriture, et ils passent la nuit sans être rassasiés » (Ps 59 :15-16)

- **Ils reviennent chaque soir** : sachez que chaque fois que la nuit tombe, les mauvais esprits sont en mouvement. Satan est le prince des ténèbres. La nuit n'est pas seulement la manifestation de l'obscurité mais aussi la période de sommeil. Chaque fois que l'homme dort, il est comme dans une période de « nuit » même si le sommeil a lieu en journée. N'oubliez pas que Satan aime agir dans l'invisible et le sommeil est l'un des moments favori pour cet ennemi de Dieu.
- **Ils hurlent comme des chiens** : dans la culture juive antique, les chiens étaient considérés comme des animaux impurs ou symbole de malédiction. Durant votre sommeil, le diable peut vous charger de malédictions. Ses hurlements sont des messages de malédiction qu'il

transmet via les songes ou rêves. Les démons peuvent durant ton sommeil te maudire à :

- Une vie de pauvreté
- Une vie d'échec
- Une vie de tristesse et d'amertume
- Une vie de chômage chronique
- Une vie de célibat ou d'échec dans le mariage
- Une vie d'errance et de vagabondage
- Une vie de maladies incessantes
- Etc.

De nombreuses personnes circulent dans nos rues et sont l'objet de pitié pourtant elles ont été maudites dans leurs songes. Ne connaissant pas les vérités bibliques, leur vie est devenue un désastre et elles ne savent plus quoi faire. Dieu vous a permis de lire ce livre peut-être pour vous aider. Ne prenez pas à la légère les songes monstrueux où vous ressentez avoir été victimes d'attaques ou de malédictions sataniques

- **Ils font le tour de la ville :** la Bible nous rapporte qu'un jour Dieu demanda à Satan d'où est-ce qu'il venait et l'ennemi répondit : « De parcourir la terre et de m'y promener » (Job 1 :7). Satan a une milice organisée chargée de parcourir coin et recoin du monde pour nuire aux habitants de la planète. Il est le fondateur de la méchanceté. Les démons inspectent tant les chrétiens que les incroyants. Ils épient la vie des justes. C'est pourquoi les enfants de Dieu doivent faire attention à leur pas car ils sont surveillés de près par Satan. Saint Pierre disait : « Soyez sobres, veillez. Votre adversaire, le diable, rôde comme un lion rugissant, cherchant qui il dévorera » (1 Pi 5 :8). Plusieurs chrétiens en ignorant cette vérité ont ouvert des portes aux oppressions nocturnes. N'ouvrez aucune porte à Satan. Veillez sur vos conversations, lectures, fréquentations, etc.
- **Ils errent çà et là, cherchant leur nourriture :** le diable a une nourriture, savez-vous laquelle ? Les âmes des pécheurs ! Depuis le Livre de Genèse Dieu l'avait maudit en disant : « Tu mangeras de la poussière tous les jours de ta vie » (Gen 3 :14). Qu'est-ce que donc la poussière ? Dieu dira ensuite à l'homme déchu « Tu es poussière... » (Gen 3 :19). La poussière symbolise l'homme dans sa déchéance et son état de pécheur.

Ainsi, chaque âme qui n'est pas consacrée à JESUS est donc entre les mains du diable comme proie. JESUS est le chemin qui mène à DIEU. La Bible déclare : « Il n'y a de salut en aucun autre ; car il n'y a sous le ciel aucun autre nom qui ait été donné aux hommes, par lequel nous devrions êre sauvés » (Ac 4 :12). Quiconque, je le répète, n'appartient pas à JESUS est donc une proie entre les mains de Satan. Devenir enfant de DIEU est un choix personnel. Tu peux aussi le devenir si tu ne l'es pas encore. Aucune autre protection ne te fera échapper des pièges de Satan si ce n'est la puissante main protectrice du CHRIST qui l'a vaincu il y a plus de deux mille ans sur la croix de Golgotha. Devenir enfant de Dieu est assez simple : tu lui demandes pardon pour tes péchés et tu acceptes son Fils JESUS comme le Seigneur de ta vie, c'est-à-dire Celui-là désormais pour lequel tu vivras et obéiras à ses commandements.

- **Et ils passent la nuit sans être rassasiés :** le diable a soif d'amener le maximum en enfer, sa prochaine demeure ! toutes les nuits ses hordes sont en action pour semer des troubles quand les gens dorment. Ne croyez pas qu'après avoir subi une attaque, vous en serez désormais épargnés. Même les véritables enfants de Dieu peuvent subir de temps à autres des attaques ennemies durant leur sommeil. Nous sommes sur terre en territoire de guerre, le véritable repos sera au ciel après notre mort. C'est pourquoi, avant de vous coucher la nuit, priez DIEU et confiez-Lui votre sommeil, celui de votre famille ou de vos proches. Toute nuit peut être fatale pour vous ou pour vos proches.
- **Le verset 17 de notre Psaume dit :** « Et moi, je chanterai ta force ; dès le matin, je célébrerai ta bonté. Car tu es pour moi une haute retraite, un refuge au jour de ma détresse ». Le roi David savait que Dieu est une haute retraite. Dieu protégeait ses nuits et David en était reconnaissant les matins. Il affirme que le matin, il célèbre la bonté de Dieu. Comme c'est ingrat de se lever le matin et de ne pas remercier Dieu, Lui qui garde nos nuits. La prière du matin est d'une extrême importance. Ne la négligez pas car vous ignorez les combats menés et remportés pour vous par Dieu notre champion.

David affirme en outre que Dieu est son refuge au jour de sa détresse. Es-tu en détresse ? Les attaques de Satan ont-elles endommagé ta vie ? Mènes-tu une vie de larmes à cause des assauts sataniques ? Tes songes sont-elles des pilules amères ? Dieu, nous dit, David est un refuge au jour de la détresse.

Remets-lui ton sort et je t'assure que tu verras un changement positif et ta vie rayonnera de joie.

J'ai évité dans ce livre de formuler des exemples de prières comme cela se fait souvent dans plusieurs ouvrages. La prière doit provenir du cœur de celui qui la formule. Elle ne doit pas être mécanique ou pensée par quelqu'un d'autre, prions « par l'ESPRIT » comme nous exhortait Jude, le frère de JESUS (Jude 20). Parlez à DIEU comme un enfant s'adresse à son père. Lequel d'entre les enfants va vers son père en lisant et répétant des mots écrits par quelqu'un d'autre ? JESUS a enseigné la prière dite du « Notre Père » et jamais dans la Bible ni Lui ni ses apôtres n'ont prié en récitant mot à mot cette prière. Le « Notre Père » était juste un « canevas » devant orienter nos prières. Prier et invoquer Dieu le Père et demander au nom de son Fils JESUS sous l'inspiration du SAINT-ESPRIT est l'idéal dans la prière. (1Pierre 1 :17 ; Jean 14 :14 ; Jude 20)

Si vous n'êtes pas passé par le processus de la nouvelle naissance, il est évident que vous n'aurez aucune victoire face au diable. Seuls ceux qui sont purifiés par le précieux sang de JESUS et qui marchent dans sa volonté peuvent vaincre les puissances de la nuit. JESUS disait : « en mon Nom, ils[les croyants] chasseront les démons » (Marc 16 :16).

En cas d'attaque durant votre rêve, ne paniquez pas ! Dès votre réveil, par votre parole ordonnez à ces forces maléfiques de ne plus revenir. La Bible déclare que « la mort et la vie sont au pouvoir de la langue » (Prov 18 :21). Votre langue consacrée à JESUS est plus puissante que mille bombes atomiques. Votre langue peut occasionner la vie ou la mort. Elle peut construire ou détruire. C'est une grande richesse que DIEU communique aux croyants. JESUS Lui-même est appelé la « Parole » (Jean 1 :1). Chassez ces mauvais esprits qui vous perturbent. J'ai dit « chassez » et non « tuez ». Vous ne pouvez tuer un démon. JESUS a demandé qu'on les chasse et non qu'on les tue ! Ce sont des esprits qui ne peuvent mourir et qui passeront l'éternité dans un lac de feu à la fin des temps (apocalypse 20 :10 ; Matthieu 25 :41). DIEU Lui-même anéantira leur dernier sursaut d'orgueil et ils seront tourmentés aux siècles des siècles.

Cependant, si la situation se complique en raison de votre immaturité ou inexpérience, rencontrez un réel serviteur de DIEU qui pourra prier pour vous et peut être vous administrer une cure d'âme. Plusieurs pasteurs ou serviteurs de Dieu font des prières inefficaces car ils ne connaissent ni ne font recours à la cure d'âme. Cette pratique est très importante et permet de faire un diagnostic efficient face à une âme en souffrance. La prière sans révélation n'est que parfois « illusion ». La prière n'est pas une affaire à prendre à la légère, surtout lorsqu'on à faire aux puissances sataniques.

DIEU aime l'homme et a créé la nuit pour que nous soyons heureux. Le sommeil est un don de DIEU pour que l'Homme puisse se reposer et parfois écouter de DIEU (Job 33 :14-18). Puisse ce livre vous aider à profiter des bienfaits du sommeil tel conçu et voulu par le Dieu du ciel. Vive DIEU !

Tirer profit des songes divins :

Tous les songes ne sauraient être toujours « sataniques ».Une chose que nous omettons souvent, c'est d'enseigner aussi aux gens comment tirer profit des songes divins.

I- Songes salutaires

Quand nous lisons la Bible, nous voyons comment Dieu s'est servi de certains rêves pour protéger des personnages.Par exemple, les astrologues qui ont rendu visite à l'enfant Jésus ne sont pas retournés vers Hérode, qui le leur avait pourtant demandé. Pourquoi ? Ils ont été avertis en rêve, parce qu'Hérode nourrissait des intentions meurtrières (Matthieu 2:7-12). Cela a donné le temps à Joseph, père adoptif de Jésus, de fuir en Égypte avec sa famille, conformément à l'instruction qu'il avait reçue, lui aussi, dans un rêve. C'est ainsi que Jésus a eu la vie sauve. — Matthieu 2:13-15.

Des siècles plus tôt, un pharaon d'Égypte a rêvé de sept beaux épis et de sept vaches grasses opposés à sept épis rachitiques et à sept vaches squelettiques. Dieu a soufflé à Joseph la bonne interprétation : l'Égypte connaîtrait sept années d'abondance suivies de sept années de famine. Cette connaissance anticipée a permis aux Égyptiens de constituer des réserves alimentaires grâce auxquelles les descendants d'Abraham, installés en Égypte, ont survécu. — Genèse, chapitre 41 ; 45:5-8.

Pareillement, Nebucadnetsar, roi de Babylone, a vu dans un rêve l'émergence et la chute des puissances mondiales qui auraient une influence directe sur le peuple de Dieu (Daniel 2:31-43). Dans un autre rêve, il a appris qu'il sombrerait dans la folie, mais qu'il en guérirait.

DIEU parle généralement de façon énigmatique et il faut pouvoir en tirer profit.

II- Cas de Joseph

Très tôt ce grand personnage biblique eut le privilège de recevecoir des songes divins mais la gestion de ceux-ci ne semble pas avoir été son fort. La Bible nous raconte: « Voici la postérité de Jacob. Joseph, âgé de dix-sept ans, faisait paître le troupeau avec ses frères; cet enfant était auprès des fils de Bilha et des fils de Zilpa, femmes de son père. Et Joseph rapportait à leur père leurs mauvais propos.

Israël aimait Joseph plus que tous ses autres fils, parce qu'il l'avait eu dans sa vieillesse; et il lui fit une tunique de plusieurs couleurs. Ses frères virent que leur père l'aimait plus qu'eux tous, et ils le prirent en haine. Ils ne pouvaient lui parler avec amitié. Joseph eut un songe, et il le raconta à ses frères, qui le haïrent encore davantage.
Il leur dit: Écoutez donc ce songe que j'ai eu! Nous étions à lier des gerbes au milieu des champs; et voici, ma gerbe se leva et se tint debout, et vos gerbes l'entourèrent et se prosternèrent devant elle.
Ses frères lui dirent: Est-ce que tu régneras sur nous? est-ce que tu nous gouverneras? Et ils le haïrent encore davantage, à cause de ses songes et à cause de ses paroles.
Il eut encore un autre songe, et il le raconta à ses frères. Il dit: J'ai eu encore un songe! Et voici, le soleil, la lune et onze étoiles se prosternaient devant moi.
Il le raconta à son père et à ses frères. Son père le réprimanda, et lui dit: Que signifie ce songe que tu as eu? Faut-il que nous venions, moi, ta mère et tes frères, nous prosterner en terre devant toi?
Ses frères eurent de l'envie contre lui, mais son père garda le souvenir de ces choses. » (Genèse 37 :2-11).
Nous voyons comment Joseph de par son immaturité a occasionné bien d'ennuis dans sa vie en raison de la mauvaise gestion de ses rêves. Nous devons donc faire attention lorsque nous sommes convaincus avoir reçu un songe d'origine divine. Je précise bien d'origine divine car je ne parle pas ici des songes et rêves « vains » tels que nous avons d'ailleurs beaucoup parlé bien plus haut.

1- La discrétion

On ne raconte pas ses songes à n'importe qui. Joseph n'était pas obligé d'en parler à ses frères. Nous voyons que la suite fut pénible pour lui. Quand DIEU se révèle à nous via un songe, il ya des personnes particulières à qui on peut se confier. Joseph pouvait par exemple en parler à son père Jacob qui était assez expérimenté dans le monde des songes car DIEU lui avait souvent parlé par ce canal. Ses frères étaient étrangers à cette notion. N'oubliez jamais qu'il ya des « tueurs de songes ». Des personnes qui seront remplies de jalousies ou d'incrédulité quant à vos rêves. Lorsque les frères de Joseph le virent un jour s'approcher de lui, ils dirent : « Voici le faiseur de songes qui arrive. Venez maintenant, tuons-le, et jetons-le dans une des citernes; nous dirons qu'une bête féroce l'a dévoré, et nous verrons ce que deviendront ses songes. » (Gen

37 :19-20). Ces personnes dites « tueuses de rêves » vous décourageront ou alors deviendront des obstacles pour la réalisation de vos rêves. DIEU FUT AVEC Joseph et ses promesses s'accomplirent car DIEU ne peut échouer. Mais qui sait si les choses auraient pu en être autrement pour Joseph s'il n'avait pas dévoilé ses secrets nocturnes à ses frères ?

2- La modestie

Joseph savait bien que ses frères ne l'aimaient pas mais il leur raconta ses songes plus d'une fois. Cela ne cachait-il pas un peu de vantardise ? Quand Dieu vous donne des songes, ce n'est pas pour vous en enorgueillir. Soyez modestes.

Un jour, le prophète Nathan annonca une bonne nouvelle à David. Dieu avait demandé au prophète de dire au roi David ces paroles reçues dans une vision : « (...)Quand tes jours seront accomplis et que tu seras couché avec tes pères, j'élèverai ta postérité après toi, celui qui sera sorti de tes entrailles, et j'affermirai son règne. Ce sera lui qui bâtira une maison à mon nom, et j'affermirai pour toujours le trône de son royaume. Je serai pour lui un père, et il sera pour moi un fils. S'il fait le mal, je le châtierai avec la verge des hommes et avec les coups des enfants des hommes; mais ma grâce ne se retirera point de lui, comme je l'ai retirée de Saül, que j'ai rejeté devant toi. Ta maison et ton règne seront pour toujours assurés, ton trône sera pour toujours affermi. » (2 Samuel 7 :12-16). Quelles promesses glorieuses ! Pourtant le roi David ne s'enorgueillit pas. Voici son premier reflexe : « Et le roi David alla se présenter devant l'Éternel, et dit: Qui suis-je, Seigneur Éternel, et quelle est ma maison, pour que tu m'aies fait parvenir où je suis? C'est encore peu de chose à tes yeux, Seigneur Éternel; tu parles aussi de la maison de ton serviteur pour les temps à venir. Et tu daignes instruire un homme de ces choses, Seigneur Éternel! Que pourrait te dire de plus David? Tu connais ton serviteur, Seigneur Éternel! A cause de ta parole, et selon ton coeur, tu as fait toutes ces grandes choses pour les révéler à ton serviteur. Que tu es donc grand, Éternel Dieu! Car nul n'est semblable à toi, et il n'y a point d'autre Dieu que toi, d'après tout ce que nous avons entendu de nos oreilles. Est-il sur la terre une seule nation qui soit comme ton peuple, comme Israël, que Dieu est venu racheter pour en former son peuple, pour se faire un nom et pour accomplir en sa faveur, en faveur de ton pays, des miracles et des prodiges, en chassant devant ton peuple, que tu as racheté d'Égypte, des nations et leurs dieux?

Tu as affermi ton peuple d'Israël, pour qu'il fût ton peuple à toujours; et toi, Éternel, tu es devenu son Dieu. Maintenant, Éternel Dieu, fais subsister jusque dans l'éternité la parole que tu as prononcée sur ton serviteur et sur sa maison, et agis selon ta parole. Que ton nom soit à jamais glorifié, et que l'on dise: L'Éternel des armées est le Dieu d'Israël! Et que la maison de ton serviteur David soit affermie devant toi! Car toi-même, Éternel des armées, Dieu d'Israël, tu t'es révélé à ton serviteur, en disant: Je te fonderai une maison! C'est pourquoi ton serviteur a pris courage pour t'adresser cette prière. Maintenant, Seigneur Éternel, tu es Dieu, et tes paroles sont vérité, et tu as annoncé cette grâce à ton serviteur. Veuille donc bénir la maison de ton serviteur, afin qu'elle subsiste à toujours devant toi! Car c'est toi, Seigneur Éternel, qui a parlé, et par ta bénédiction la maison de ton serviteur sera bénie éternellement. (2 Samuel17 :18-29). David manifesta donc de la reconnaissance et de l'humilité devant DIEU.

Cher(e) ami (e), après une révélation venant de DIEU, retourne vers DIEU pour l'adorer, le remercier et prier.

3- L'esprit de prière

Après ses songes, Joseph alla parler aux hommes. Or comme nous l'avons vu tout à l'heure, David après la révélation que lui fit DIEU par le prophète Nathan alla d'abord parler à DIEU ! Avoir un songe venant de DIEU doit vous conduire dans la « chambre haute », le lieu de la prière. Même si DIEU a parlé, vous devez toutefois demeurer dans un esprit de prière. JESUS connaissait d'avance les choses qui devaient lui arriver mais nul n'a prié comme Lui. La Bible dit que la prière était sa coutume (Luc 22 :39).

Les songes doivent nous amener à prier et non à bavarder. DIEU ne donne pas les songes aux enfants mais aux vieillards c'est-à-dire aux personnes matures : « Après cela, je répandrai mon esprit sur toute chair; Vos fils et vos filles prophétiseront, Vos vieillards auront des songes, Et vos jeunes gens des visions... » (Joël 2 :28). Devenez « vieillard » et vous bénéficierez des songes ! La vieillesse symbolise la maturité et la sagesse.

La prière peut vous aider à recevoir la bonne interprétation des songes. Nous avons plus haut que seul DIEU possède la clé de l'interprétation des songes. Les livres, les prophètes, les pasteurs, les sites web... ne sauraient posséder la sagesse infuse pour interpréter et déchiffrer vos songes. Joseph pouvait dire : « N'est-ce pas à Dieu qu'appartiennent les explications? »(Genèse 40 :8). On n'attend pas les réalisations de DIEU dans la passivité mais dans la foi et la prière. DIEU disait au prophète Habacuc : « Car c'est une prophétie dont le temps est déjà fixé, Elle marche vers son terme, et elle ne mentira pas; Si elle tarde, attends-la, car elle s'accomplira, elle s'accomplira certainement. » (Habacuc 2 :3). Regardez le contexte dans lequel DIEU lui parla : « J'étais à mon poste, Et je me tenais sur la tour; Je veillais, pour voir ce que l'Éternel me dirait » (Habacuc 2 :1). Tenez-vous sur la tour, c'est-à-dire le lieu de la prière, « la chambre haute » même si vous avez les privilèges de recevoir des songes de DIEU. Restez dans une atmosphère et un esprit de prière lorsque vous recevez des songes divins.

Conclusion :

Au cours de ces dernières années, plusieurs savants ont consacré beaucoup de temps à l'étude du monde mystérieux des rêves. Rêver ou faire des songes est donc fonction humaine tout à fait normale.

La notion de rêve est universelle et présente dans quasi toutes les civilisations et religions. Nous avons vu comment dans les civilisations mésopotamiennes, grecques et romaines, décisions importantes ne se prenaient pas sans avoir préalablement dormi à la veille dans les temples en vue d'obtenir une direction via les rêves ou songes.

La science moderne également ces dernières années a également beaucoup consacré une partie de ses études pour la compréhension du phénomène onirique. Ils ont par exemple découvert que le rêve occuperait une centaine de minutes sur huit heures de sommeil.

La Bible, le Livre inspiré de DIEU, nous livre avec précision et clarté plusieurs enseignements et expériences propres aux songes. DIEU, le Créateur de l'homme est Celui-là qui a créé l'univers onirique pour le bonheur de l'homme. Si la Bible précise qu'il ne faut pas prendre au sérieux tous les rêves qui peuvent bien entendu naître de nos activités quotidiennes, elle démontre aussi que les songes et rêves peuvent parfois être salutaires et prophétiques. DIEU étant le « même hier, aujourd'hui et éternellement » (Hébreux 13 :8) peut aussi bien évidemment se servir des songes comme moyen de transmission de messages inspirés en notre époque comme Il le fit jadis. N'a-t-Il pas prédit qu'aux derniers jours, ses serviteurs auront ce privilège de recevoir des songes et visions ? (Joël 2 :28-30).

Ainsi, l'homme prudent et averti saura tirer profit des songes divins en lisant et appliquant fidèlement les recommandations du Dieu vivant contenues dans la Bible.

BIBLIOGRAPHIE :

LENORMAND, *La clef des songes ou explication des songes, rêves et visions d'après les interprétations des auteurs anciens et modernes : Cagliostro, Etteila, Julia Orsini, etc., etc.,* éd. Sceaux : Imp. Charaire et Cie, 1880
Artémidore, *La clef des songes*, éd. J. Vrin, 1975

Yannick Ripa, *Histoire du rêve*, éd. Olivier Orban, 1988

Jean-Daniel Gollut, *Conter les rêves. La narration de l'expérience onirique dans les œuvres de la modernité*, éd. José Corti, 1993

J. Miller et M., *Harper's Bible Dictionary,* New York, 1961

The World Book Encyclopedia, 1984, tome V.

Albert Lemoine, *Du sommeil du point de vue physiologique et psychologique*, Paris, 1855

Maurice Halbwachs, *Le rêve dans les sociétés primitives*, 1922

Michel Perrin, *Les praticiens du rêve. Un exemple de chamanisme*, éd. PUF, 1992

Marie de Manacéïne, *Le sommeil, tiers de notre vie : Pathologie, physiologie, hygiène, psychologie*, Masson, 1896

R. Jissé, "Le rêve dans l'antiquité", http://www.sommeil-paradoxal.com/livre2-page/3-antiquite_egypte.html, consulté en Avril 2020.

BIBLIOGRAPHIE

LENORMAND, *La clef des songes ou explication des songes, rêves et visions* [illegible]

Printed by Books on Demand GmbH, Norderstedt / Germany